Alstergeschichten

Kurt Grobecker

Alstergeschichten

Kleine Laudatio auf Hamburgs große Liebe

EDITION TEMMEN

Die Deutsche Bibliothek verzeichnet diese Publikation in der Deutschen Nationalbibliografie; detaillierte bibliografische Daten sind im Internet über http://dnb.ddb.de abrufbar.

Umschlagfoto: Alsterufer am Hayns Park,
Bernd Sterzl/pixelio.de

© EDITION TEMMEN 2011
Hohenlohestraße 21 – 28209 Bremen
Tel. 0421-34843-0 – Fax 0421-348094
info@edition-temmen.de
www.edition-temmen.de

Gesamtherstellung: Edition Temmen

ISBN 978-3-8378-2018-8

Inhalt

Zur Einstimmung:
Vom Wert der Alster und ihrem Preis

Die meisten Menschen, das hatte Oscar Wilde die Erfahrung gelehrt, kennen wohl den Preis einer Sache, nur selten aber deren Wert.

Bei der Alster war es genau andersherum! 820 Jahre lang hatte sich der Alstersee, dieses viel gepriesene Juwel mitten in der Stadt, der uneingeschränkten Wertschätzung der Hamburger erfreut, ohne dass jemand jemals nach dem Preis gefragt hätte. Das oft völlig zu Unrecht als leidenschaftslos und wortkarg verschriene und nur selten zu poetischen Höhenflügen aufgelegte Volk auf dem 53. Grad nördlicher Breite hatte seine Alster immer wieder in höchsten Tönen besungen und mit manchmal halsbrecherischen Komplimenten überschüttet. Alle Welt sollte schließlich wissen, welch hohes Maß an Achtung die Hamburger ihrer Alster entgegenbringen. Niemals haben sie versucht, ihre Zuneigung in kaufmännische Kategorien zu fassen. Obwohl man ihnen doch gerade in dieser Kunst der größten Talente verdächtigte und sie deshalb oft als Pfeffersäcke verspottete.

Nein, den Preis der Alster hielt die Stadtgöttin Hammonia stets unter ihren wallenden Gewändern verborgen. Vielleicht nicht einmal aus Geheimnistuerei, sondern weil sie den Preis für das Prunkstück unter ihren Preziosen gar nicht kannte. Wie hätte sie denn auch den materiellen Wert einer topografischen

Kostbarkeit bestimmen sollen, die sich niemals dem Marktmechanismus von Angebot und Nachfrage aussetzen musste, in dessen Wechselspiel allein sich ja ein Preis bilden kann?

Die Stunde der Wahrheit schlug im November 2010 – eben 820 Jahre nach der Geburtsstunde unseres Alstersees. Was die Göttin unserer Stadt nicht zustande gebracht hatte, das zauberten die Halbgötter auf dem Olymp der Hamburger Finanzverwaltung ganz flott und ohne langes Simsalabim aus dem Hut ihres statistischen Zauberkastens: 4,4 Millionen Euro, so ließen sie die Presse wissen, müsse man für die Alster berappen, wenn man denn könnte und wollte.

Wie bitte? Gerade einmal so viel, wie manch eine Edelbehausung in Alsterlage soll der ganze See kosten?

Einen solchen Stich mitten ins Herz eines Elbhanseaten muss der erst mal verkraften, auch wenn es nur um die für die Haushaltsdebatte in der Bürgerschaft aufgestellte Vermögensbilanz der Stadt ging.

Jedenfalls wissen wir jetzt nicht nur, wie viel Herzblut oder – weniger pathetisch – wie viel Sympathie und Zuneigung uns unsere Alster wert ist, sondern wir wissen jetzt endlich auch, wie viele Nullen man auf den Scheck schreiben müsste, wenn man denn könnte und wollte. Und zwar genau umgekehrt, als es uns Oscar Wilde in seiner beiläufig hingeworfenen Bemerkung vorgehalten hat: Um den Wert unserer Alster haben wir ja immer gewusst, jetzt kennen wir dank der Rechenkünste unserer Finanzbehörde endlich auch ihren Preis.

Möge uns unsere Protagonistin die gewaltige Diskrepanz zwischen dem einen und dem anderen nachsehen!

1

Ingenieurtechnische Fehlleistung mit Folgen:
Ein Stieg, »wohin sich Jungfern verfügten, zu lustieren«

Hamburgs größter Glücksfall ist eigentlich ein Unglücksfall!

Wo Friedrich von Hagedorn vor rund zweihundert Jahren das Ufer einen Gang von damals noch nicht abgasgeschädigten Linden zieren sah, in dem »holde Schöne« entzückend auf- und niederzugehen pflegten, hatten Hamburgs mittelalterliche Wasserbauingenieure ein erbärmliches Gesellenstück abgeliefert: Bei dem löblichen Versuch, durch einen Staudamm mehr Wasser auf die Alstermühle des Müllers Hein Reese zu lenken, müssen ihnen in der sonst mit Rechenkünsten so vertrauten Stadt ein paar Zahlen durcheinandergeraten sein. Jedenfalls verursachten sie durch ihre technische Fehlleistung eine folgenschwere Riesenüberschwemmung, die das mickerige Alsterflüsschen in einen respektablen See verwandelte. Innerhalb kurzer Zeit wurde das gesamte westliche Alstervorland entlang den heutigen Stadtteilen Rotherbaum, Harvestehude, Eppendorf, Winterhude und Uhlenhorst unter Wasser gesetzt. Unglücklicherweise gehörte das dem Domkapitel und seinem Kloster Harvestehude. Also musste Hamburgs Rat den braven Kirchenleuten eine satte Entschädigung hinblättern, die unsere Stadt um ein Haar ruiniert hätte.

Die Ratsherren werden sich mächtig geärgert haben, dass die mittelalterlichen Gottesmänner ihr Weideland noch profitabler losgeschlagen hatten als sieben Jahrhunderte später die Bauern ihre sauren Wiesen an die Neue Heimat.

Dass Hamburg mit dem Alstersee eine topografische Attraktion gewonnen hatte, um die es andere Städte beneiden, ist den Elbhanseaten erst sehr viel später aufgegangen.

Zunächst hatten die Hamburger am Reesendamm über die Alster hereingekommene Schiffe mit Kalkladungen aus Segeberg festmachen lassen und auf dem Damm selbst Bau- und Brennholz gelagert. Mit der Zunahme der Bevölkerung und der dadurch wachsenden Stadt war der Reesendamm mit städtischen Häusern bebaut worden. Als dann der niederländische Festungsbaumeister Johann van Valckenburgh um 1620 zur Sicherung der Stadt eine neue Festungslinie zog, wurde der Reesendamm in das Stadtgebiet einbezogen.

Für die südliche Begrenzung des Alstersees war das der Start in eine neue Karriere: Der schlichte »Damm« wurde zum »Stieg« geadelt. Mit einem feinen Gespür für Situationen und mit der Fähigkeit, diese Situationen in Worte zu fassen, waren die Hamburger auf die Bezeichnung »Jungfernstieg« gekommen, weil »das Frauenzimmer sich zum öfteren dahin verfügte, zu lustieren«. Die dort herrschende Unruhe störte die Damen nicht! Das Geräusch der Mühlen und das Rauschen des durch die Schütten strömenden Wassers, schwärmte ein Chronist, habe den Reiz des Spazierweges erhöht. Schon im 17. Jahrhundert hatte sich der Jungfernstieg zur beliebtesten Flanierstraße der Hamburger gemausert.

2
Sympathisch provinziell und von betulicher Bürgerlichkeit:
Des Hamburgers heimliche Geliebte

»Jungfernstieg« – das klingt, von einem Hamburger ausgesprochen, wie eine offene Liebeserklärung an ein heimliches Verhältnis! Zugegeben: Der Jungfernstieg ist nicht so elegant wie die Champs Élysées in Paris, er ist nicht so teuer wie die Via Condotti in Rom, er ist nicht so glamourös wie New Yorks Fifth Avenue, und er ist nicht einmal so hektisch wie Londons Bond Street. Verglichen mit den unseren Adrenalinspiegel steigernden Einkaufs- und Flanierboulevards der großen Weltmetropolen versprüht unser guter alter Jungfernstieg eher einen Hauch von sympathischer Provinzialität, einen Veilchenduft von betulicher (und betuchter) Bürgerlichkeit: Er atmet artige Zurückhaltung, die wir gern mit dem entschuldigenden und völlig unzureichenden Attribut »hanseatisch« umschreiben.

Der Jungfernstieg vibriert nicht von überschäumender Ausgelassenheit, sondern er gefällt sich in heiterer Gelassenheit. Er gibt auch nicht zu sein vor, was er niemals sein könnte. Seine Eleganz hält sich im Rahmen jener von den Hamburgern entwickelten, zuweilen blasiert wirkenden Charaktereigenschaft, die sich als britisches Understatement ausgibt. Das macht einen Teil des Jungfernstieg-Charmes aus, der nicht nur die Seelen der als so spröde verkannten Elbhanseaten erwärmt, sondern der auch die sonst so unbestechliche Flora überlistet und zu rasanten Frühstarts in den Frühling animiert oder sie gar nicht erst zu artgerechtem winterlichen Verhalten treibt. Staunend, als sei ihnen die Stadtgöttin Hammonia höchstpersönlich erschienen, standen die Experten der Gartenbau-Abteilung Hamburg-Mitte im Dezember 1994 vor einem Phänomen, das sie an ihrer intimen Kennerschaft pflanzlicher Gewohnheiten zweifeln ließ. Just ein paar Tage vor jenem christlichen Ereignis, das die zipfelbemützte rote Armee der Weihnachtsmänner zwischen Jungfernstieg, Großen Bleichen und Neuem Wall in ihren unchristlichen Verkaufsbemühungen zur Höchstform auflaufen lässt, grünten sechs der schönsten Linden in ihrem stattlichen Grün. Vielleicht lag es am vorangegangenen Sommer, sinnierten die Gartenbaubeamten. Denkbar sei aber auch, dass die Fernwärmeleitungen unter dem Jungfernstieg das vom lieben Gott so weise eingerichtete Programm des Stirb und Werde durcheinandergebracht hatten.

Immerhin erinnern solche Mutmaßungen nachdrücklich daran, dass der Jungfernstieg ein bemerkenswertes »Innenleben« hat und dass die Oberwelt nur der sichtbare Teil über einem faszinierenden Tunnel-Labyrinth ist, das sich über viele Ebenen unter der Straße ausbreitet.

3

Die »Ehren- und Nobelgarde« der Stadt: Eine Laudatio auf die Alsterschwäne

Romantischer ist es – besonders bei Sonnenschein und jenseits aller technischen Faszination – an der Oberfläche.

Mitten im schönsten Biedermeier hat Heinrich Heine auf der Terrasse des Alsterpavillons gesessen und seine »süßen Garnichtsgedanken« gedacht – was zweifellos wirkungsvoller war als die Gedankenarbeit der meisten anderen Menschen. Der Dichter hat in die Sonne geblinzelt, während die Sonne ihrerseits heiter zurückblinzelte und mit ihrem Glanz das frische Grün der Lindenbäume, die weiß getünchten klassizistischen Villen am Alsterufer, die fröhlich spazierenden Menschen, die Alster und die Schwäne auf ihr »fast märchenhaft lieblich« übergoss.

Der Platz ist derselbe geblieben, wenngleich sich der Alsterpavillon seit Heines Zeiten etliche Male, und nicht nur zu seinem Vorteil, auffällig verändert hat. Die Sonne lächelt auch heute noch weitaus häufiger, als es dem Image der Stadt entspricht. Wer nimmt schon zur Kenntnis, dass die Sonne nach der Statistik in Hamburg häufiger scheint als in München? Die Linden sind durch den Großstadtverkehr ein bisschen ramponiert, aber immer noch ansehnlich, und sie leisten ihren

Beitrag zu dem unbestrittenen Ruf der Hansestadt, in weitaus mehr Grün eingebettet zu sein als jede andere Metropole auf dem Kontinent.

Die Menschen, besonders die von Heinrich Heine mit so viel liebevoller Aufmerksamkeit bedachten jungen Mädchen, sind heutzutage nicht weniger appetitlich, allenfalls etwas selbstbewusster, was manch einem potenziellen Bewerber vielleicht den Appetit verdirbt.

Und schließlich: die Schwäne. Sie genossen (und genießen) ohnehin den Schutz der Obrigkeit, die ihnen trotz schwindsüchtiger Staatskasse zwecks sachkundiger Pflege sogar einen »Schwanenvater« spendiert.

Niemand solle sich erdreisten, die Schwäne zu beleidigen, hatte der Wohlweise und Hochedle Rat im Mittelalter bestimmt, »noch weniger dieselben todtzuschlagen«. Was allerdings die Honoratioren der Stadt nicht hinderte, von Zeit zu Zeit gegen ihre eigenen Verordnungen zu verstoßen und den Staatsgästen als Höhepunkt hanseatischer Kochkunst gebratene Schwäne auf silbernen Platten zu servieren.

Darauf wird noch zurückzukommen sein!

Seitdem ist viel Wasser aus der Alster in die Elbe gelaufen. Einige der Prachtexemplare haben sich der sprichwörtlichen Hamburger Fresslust entzogen und mit ihrer Nachkommenschaft die ästhetische Tradition gerettet. Die Alster ohne Schwäne – das wäre wie Hamburger Aalsuppe ohne Backpflaumen. Ein Skandal also!

Wilhelm Melhop, der 1932 ein umfassendes Standardwerk über die Alster veröffentlichte, fand weniger prosaische, aber deshalb mehr zu Herzen gehende

Worte für das gefiederte Geschwader der Höcker- und Singschwäne, die der grauen Alster so schöne Farbtupfer aufsetzen: »Es ist gewissermaßen eine Ehren- und Nobelgarde der Stadt – eine Zierde der Alster, ihr Schmuck und Edelgeschmeide. Wenn nebliger Abendschatten sich über die ruhigen Alsterbecken senkt und die Schwäne auf dem kaum bewegten Wasser vornehm und still in würdiger Haltung dahinschweben, dann erfüllt die Alster ihre märchenhaften, durch die edelgestalten Schwäne traumhaft verschönten Reize.«

Wir dürfen wohl annehmen, dass Heinrich Heine bei seinen Kaffeehausbetrachtungen dem Alsterbecken mit den Schwänen darauf meistens den Dichterrücken zugekehrt hat. Ihn interessierten ja in erster Linie die Menschen auf der Flanierstraße vor dem Pavillon. Sie mussten es sich gefallen lassen, mit Zahlen verglichen zu werden, was nach Heines Einschätzung die angemessene Betrachtungsweise für die Einwohner einer – ebenfalls nach seiner Meinung – raffsüchtigen Hafen- und Handelsstadt ist.

Die vielen Nullen, die der Dichter dort nach Börsenschluss in der Staffage ehrbarer Kaufleute herumstolzieren sah, dürften sich noch um einige Exemplare vermehrt haben. Allein die demografische Entwicklung der letzten mehr als anderthalb Jahrhunderte lässt diesen Schluss ohne Weiteres zu.

Der Dichter konstatierte unter den Hamburger Männern »meistens untersetzte Gestalten, verständige, kalte Augen, kurze Stirn, nachlässig herabhängende rote Wangen, die Esswerkzeuge besonders ausgebildet, der Hut wie angenagelt auf dem Kopfe und die

Hände in beiden Hosentaschen wie einer, der eben sagen will: was hab' ich zu bezahlen?«

Nein, viel Sympathie hat er ihnen nicht abgewinnen können, den Krämerseelen vom Alsterufer, obwohl er doch so gern einer von ihnen gewesen wäre. Am liebsten auf die bequeme Art, die in der hanseatischen Lebensweisheit »Arvgood mookt keen Quesen« ihren Ausdruck findet. Wie gern hätte der für Handelsgeschäfte so unbegabte Dichter eines der lieblichen Wesen an Land gezogen, mit deren Liebe man nach seiner Einschätzung so viel schönes Geld bekommt. Am liebsten seine Cousine, weil man da ja weiß, was man zu erwarten hat! Aber Onkel Salomon, der sich sonst – wie der Neffe spöttelte – »ganz famillionär« verhielt, roch den Braten und wusste die Liaison zu verhindern.

Also musste der durch väterliches Verdikt abgeblitzte Familien-Hallodri weiterhin die Augen offenhalten. Die an der Alster flanierenden Mädchen trafen den Geschmack des zumindest in der Verbalerotik so anspruchsvollen und überzeugenden Heinrich Heine. Als »durchaus nicht mager« hat er sie wahrgenommen, »meistens sogar korpulent und im Durchschnitt von einer gewissen wohlhabenden Sinnlichkeit«. Und gerade so, als wollte er seine auf Hochtouren laufende Leidenschaft durch eine kalte Dusche wieder etwas abkühlen, merkt er ironisch an: »Wenn sie in der romantischen Liebe sich nicht allzu schwärmerisch zeigen und von der großen Leidenschaft des Herzens wenig ahnen, so ist das nicht ihre Schuld, sondern die Schuld des Amors, des kleinen Gottes, der manchmal die schärfsten Liebespfeile auf seinen Bogen legt, der aus Schalkheit und Ungeschick viel zu tief schießt und statt des Herzens der Hamburgerinnen nur ihren Magen zu treffen pflegt.«

Die Alsterschwäne lassen sich durch all das nicht aus der Ruhe bringen. Gleichmütig nehmen sie es zur Kenntnis und ziehen ihre Bahnen durch das Wasser, dem man inzwischen wieder Badequalität nachsagt.

Die Zahl der Schwäne ist seit dem 19. Jahrhundert annähernd konstant geblieben, obwohl die Tiere gelegentlich als Staatsgeschenke herhalten mussten und ihre Nachkommen sogar den kaiserlichen Park in Tokio um hanseatischen Charme bereichern.

Mit ihren Schwänen haben die Hamburger, und diese mit ihnen – abgesehen von dem Pech, aufgegessen zu werden – viel Spaß gehabt. Einmal hatte die Schwanengarde sogar Modell stehen müssen für ein Spektakel so recht nach Hohenzollerngeschmack: Als Seine Majestät Wilhelm Zwo geruhten, anlässlich des Zollanschlusses der Hansestadt die Ehre zu geben, bauten seine Elbuntertanen einen überdimensionalen Schwan, der um eine Dampfbarkasse herumgebastelt war. So genoss der Kaiser als eine Art Lohengrin-Verschnitt die ungeteilte Bewunderung der Hamburger.

Man kann nicht sagen, dass Seine Majestät die Bewunderung der Elbhanseaten uneingeschränkt erwidert hätte: Als eingefleischte Republikaner waren ihm die Leute zwischen Alster und Elbe zeitlebens höchst verdächtig!

4

Mehr als nur dekoratives Beiwerk: Die Alster verbindet und trennt zugleich

Hätte sich Heinrich Heine die Mühe gemacht, in der Nachmittagssonne – statt immer nur auf den Prachtboulevard zu blinzeln – einmal dem Neuen Jungfernstieg als westlicher Begrenzung der Binnenalster seine Aufmerksamkeit zu schenken, dann würde er wahrscheinlich in seinem Notizbuch vermerkt haben, dass sich die Mühe nur bedingt lohnte. Sein Blick wäre auf eine Reihe von Bürgerhäusern gefallen, die der Große Brand von 1842 übrig gelassen hatte; keines besonders herausragend oder sich durch besondere Eleganz auszeichnend.

Auch dieser Teil der Alster-Umrahmung hat in den zweihundert Jahren seit Heines bissiger Liebeserklärung an die »Stadt Bancos« eine bemerkenswerte Wandlung erfahren. Die Fassaden des Übersee-Clubs und des Hotels »Vier Jahreszeiten« prägen das Bild dieser Seite der Binnenalster. Ihr Pendant am gegenüberliegenden Ufer, das Verwaltungsgebäude der Reedereigruppe Hapag-Lloyd, wirkt monumentaler, durchaus eindrucksvoll, aber mit seiner grauen Sandsteinfassade doch viel zu ernst als Rahmen für die verspielte Alster, diesen »Beförderer vieler Lustbarkeiten«, als den der Hamburger Friedrich von Hagedorn in richtiger Einschätzung hanseatischer Befindlichkeiten den »angenehmen Alsterfluß« einmal besungen hat.

Das Hotel »Vier Jahreszeiten« ist die angemessene architektonische Antwort auf die ästhetische Herausforderung der Binnenalster. Es ist eine hanseatische Antwort, wie sie typischer nicht sein kann: Die unaufdringliche Eleganz, die schlichte Linienführung, die Geradlinigkeit der baulichen Konzeption haben etwas von jenem Understatement, das man den Elbhanseaten als Ausdruck ihrer Seelenvetternschaft mit den Engländern gern nachsagt. Wer wird hinter dieser blendend weißen Fassade, die es sich leisten kann, ohne protzig herausforderndes Portal zu existieren oder durch aufdringliche Erker und überladenes Stuckwerk auf sich aufmerksam zu machen, eines jener Hotels vermuten, die den besten der Welt zugerechnet werden?

Ohne Frage, die Alster, dieses Juwel der Stadt, verdient eine solche Umrahmung. Es stimmt ja nicht, was Kurt Tucholsky ihr anzudichten trachtete, dass sie nämlich einfach da liegt und »aussieht«.

Die Alster ist alles andere als nur dekoratives Beiwerk einer liebenswerten Stadt. Sie verkörpert ein Stück Lebensgefühl der Hamburger. Und das nicht nur, weil der erste und noch recht bescheidene Hamburger Hafen ein Alsterhafen am Nikolaifleet war.

Das Trennende der Alster zumindest physisch überwinden zu wollen, hat von Zeit zu Zeit die Fantasie der Hamburger zuerst beflügelt und dann in die Irre geleitet. Eine Straße zwischen der Uhlenhorst und Harvestehude war der Traum, den Fantasten mit einem Hauch von Realitätssinn am Übergang zum 20. Jahrhundert träumten.

Zum Albtraum wurden solche Visionen, wenn sie dabei eine Brücke ins Gespräch brachten, die unsere Alster – wie die New Yorker Brooklyn Bridge mit ihren neogotischen Pilastern den East River – überspannen sollte. Nein, so weltstädtisch sollte Hammonias eigene Stadt denn doch nicht sein!

Die »Alsternative« – möge der Leser das nahe liegende Wortspiel verzeihen! – wäre ein Tunnel unter der Außenalster gewesen. Auch über ihn wurde zwar kurz nur, aber intensiv und kontrovers diskutiert. Gutachten erörterten das Für und Wider, um endlich zu dem Schluss zu kommen, dass die baulichen Voraussetzungen an beiden Ufern die erforderlichen raumgreifenden An- und Abfahrrampen nicht hergaben.

Das rettete immerhin die Jungfräulichkeit der Außenalster und ersparte es den in dieser Hinsicht manchmal recht nachlässigen Hamburgern, ihr Stadtbild nachhaltig zu verhunzen!

Gepasst hätte eine solche Silhouette der Geschmacklosigkeit allenfalls zu den dubiosen Plänen eines dubiosen gemeinwirtschaftlichen Unternehmens, das vor einem halben Jahrhundert ein nur auf dem ersten Blick bestechendes Konzept entworfen hatte: Hamburg war damals in den Strudel einer verhängnisvollen Gigantomanie geraten und wollte ein neunzehn Hektar großes Areal unmittelbar hinter dem »Hotel Atlantic« wegsanieren und stattdessen ein bald als »Alster-Manhattan« verspottetes Wolkenkratzer-Viertel für 20.000 Menschen bauen. Glücklicherweise verabschiedete sich die Stadt 1973 von dem Mammut-projekt. Nicht nur für St. Georg und seine historisch gewachsenen Strukturen hätte es das Aus bedeutet: Hochhäuser mit bis zu 62 Stockwerken hätten die Uferstraße An der Alster entwertet, und die angrenzende Bebauung wäre durch zweihundert Meter hohe Wohnpyramiden optisch erdrückt worden. Die jeden Hamburger mit Stolz erfüllende Stadtsilhouette hätte insgesamt einen irreparablen Schaden erlitten.

Auch ein anderer Plan der frühen Nachkriegsjahre fiel in den Abfallkorb der hamburgischen Planungsgeschichte: Als sich abzuzeichnen begann, dass der Autoverkehr auf amerikanische Dimensionen zusteuern würde, kamen Beamte der Baubehörde auf eine absonderliche Idee:

Sie wollten allen Ernstes die Binnenalster austrocknen, um auf diese Weise Parkraum zu schaffen. Nach heftigem Streit wurde der abartige Gedanke abgeschmettert.

Derart verbindende Einmütigkeit in Sachen Parkplatz, Brücke und Tunnel ließ die Hamburger das Trennende der Alster recht und schlecht ertragen.

Wie dieses Trennende allerdings den Hamburgern respektive Hamburgerinnen aufs Gemüt schlug, belegt das sicher anekdotisch überhöhte, aber treffende Bekenntnis einer Harvestehuderin, die im Gespräch mit einer anderen Dame von demselben Alsterufer etwas traurig erklärte, sie sei sehr einsam; denn sie habe ja zwei Töchter »nach drüben« verheiratet: eine nach dem chilenischen Valparaiso, die andere auf die Uhlenhorst.

Dass »drüben« die Straße mit dem klangvollen Namen »Bellevue« liegt, eben jene mit dem schönsten Ausblick auf die City, kann die Harvestehuder auf der anderen Seite nicht sonderlich beeindrucken. Sie halten ihre Alsterseite auch heute noch für die feinere!

Dass »drüben« auch bis zum Zweiten Weltkrieg jenes Uhlenhorster Fährhaus lag, dem Hamburg die romantischsten Alsterfeste verdankt, haben die Älteren großenteils vergessen und die Jüngeren nie gewusst.

Alfred Lichtwark, Hamburgs großer Kunsterzieher, hat die Stimmung an dieser ersten Gesellschaftsadresse der Stadt eindrucksvoll geschildert: »Wenn spät abends das Konzert verstummt, harrt alles doch noch geduldig aus, und erst nachdem gegenüber auf der Alster ein Feuerwerk seine glänzende Farbenpracht am nächtlichen Himmel verpufft hat, zerstreuen sich die Boote; der Garten leert sich, seine Lampen erlöschen, und es wird auch auf der Straße still. Auf der Alster jedoch ist noch reges Leben, weiße Segel tauchen auf, und erleuchtete Dampfer gleiten hin und her durch die dunkle Flut ...«

Manch ein rudernder Kavalier schlug sich in die Büsche; das heißt, er lenkte sein mit einer erwartungsvollen Jung-Hanseatin beladenes Boot in einen der vielen Seitenkanäle. Wo im Sommer ausgedehnte Seerosengeflechte einen weiß-gelb-grünen Teppich auf das Wasser zaubern und bis auf die Wasserfläche herunterreichende Trauerweiden ein den Mond abschirmendes schützendes Dach bilden, gingen die jungen Leute gern »auf Tauchstation«, und unser hanseatischer Urgroßvater gab sich im Schutz der Dunkelheit redlich Mühe, seiner Angebeteten das Märchen vom Klapperstorch ein für alle Mal auszureden. Bis sie begriff, dass sie einen Biss ins Bein als Auslöser eines »Malheurs« nicht zu befürchten hatte.

Vielleicht hat sich seit den Zeiten Lichtwarks der Stil geändert, in dem die Hamburger über ihre Alster sprechen – an der Sache selbst sind keine Abstriche zu machen. Immer noch bezaubert die Romantik der illuminierten Alsterschiffe, deren Lichter sich während der sommerlichen Lampionfahrten vieltausendfach im Alsterwasser spiegeln. Und immer noch ist die nächtliche Alster mit ihren verschwiegenen Nebenarmen eine romantische Bühne für manch einen ersten erotischen Gehversuch hinter dem schützenden Vorhang der Trauerweiden.

5

Labyrinth unterirdischer Geschäftigkeit: Ein Meilenstein in Hamburgs Baugeschichte

So ist sie, unsere gute alte Alster: oben Romantik pur, unten Hightech vom Feinsten. »Auf dem europäischen Kontinent gibt es keine vergleichbare innerstädtische Schnellbahnanlage wie sie Hamburg rund um das Rathaus haben wird«, jubelte die Lokalpresse im Oktober 1968. Ein Jahr zuvor hatten Bauarbeiter hier die ersten Eisenträger in den schlickigen Grund der Binnenalster getrieben. Von da an verwandelte sich der Jungfernstieg in eine gigantische Baustelle. Mit ohrenbetäubendem Lärm trommelten die Rammen eine doppelte Spundwand in sanfter Kurve von der Lombardsbrücke bis in die Höhe des Alstertors: den neuen S-Bahn-Tunnel, dessen Bahnhof sich am Jungfernstieg zwischen zwei U-Bahn-Ebenen schiebt.

Im Zuge dieser Arbeiten mussten die Schleusenbrücke, die darunterliegende Alsterschleuse und etwa zwei Drittel der Reesendammbrücke abgerissen werden, damit sich die Bagger in die Tiefe fressen konnten. Wertvolle Bausubstanz wurde abgetragen; aber die Bauplaner hatten sich von Anfang an verpflichtet, alles originalgetreu wiederherzurichten. Sogar das Ehrenmal mit dem Barlach-Relief am Rande der Kleinen Alster musste vorübergehend »auf Lager« genommen werden, um der Jahrhundert-Baustelle Platz zu machen, an der 170.000 Kubikmeter Boden unter extrem schwierigen Bedingungen ausgehoben wurden.

Nicht alles ging so glatt, wie es sich die Ingenieure zuvor ausgemalt hatten: An der mitten durch die Alster gelegten trockenen Schneise wurde ein Wassereinbruch gemeldet, der die Zeitplanung um ein Vierteljahr zurückwarf. Die Kältewelle vom Februar tat ein Übriges.

Im Dezember 1970 gab es noch einmal einen gefährlichen Wassereinbruch, der den neuen Bahnhof 35 Zentimeter hoch überschwemmte. »Wie ein Wildwasser«, so berichtete ein Augenzeuge, »gurgelten die Wassermassen in die halbfertige Bahnhofshalle hinein und flossen von dort weiter in das Zwischenstockwerk ... Das Wasser schoss in Kaskaden über die Treppen auf den Bahnsteig. Aber es gab keine Panik!«

In kritischen Situationen übt sich Hamburg in hanseatischer Gelassenheit!

Vier Stunden dauerte es, bis die Schalterhalle am Jungfernstieg leer gepumpt war und das Leck in der Spundwand abgedichtet werden konnte.

Der Bau des Schnellbahnknotens Jungfernstieg, den heute an jedem durchschnittlichen Werktag mehr als 130.000 Menschen nutzen, ist Hamburgs größte ingenieurtechnische Bauleistung in der zweiten Hälfte des 20. Jahrhunderts.

Ein Meilenstein in Hamburgs Baugeschichte war sie auch deshalb, weil 1970 zum ersten Mal auf einer Großbaustelle unserer Stadt Laserstrahlen eingesetzt wurden, um Absenkungen der Baustelle zu registrieren. Unter der Tunneldecke wurden zwei Kästen installiert. Von einem Sender aus ging ein scharf gebündelter Strahl zu einer Fotozelle, wobei er acht Lochblenden passierte. Sobald sich der U-Bahn-Schacht im Bereich der Messstelle auch nur um den Bruchteil eines Millimeters verschob, unterbrachen die Blenden den Laserstrahl, und die Fotozelle, die dann kein Licht mehr erhielt, löste ein Warnsignal aus.

Im Mai 1973 konnte der Schnellbahnknoten Jungfernstieg endlich eröffnet werden, nachdem die Ingenieure zuvor noch das schwierigste Baulos bewältigt hatten: die S-Bahn-Strecke im Bereich des Jungfernstiegs. Auf engstem Raum mussten dort die bereits vorhandene U-Bahn, der Schifffahrtsweg der Alster, der Reesendamm und die Schleusenbrücke unterfahren werden. Angesichts der schlechten Bodenverhältnisse war dies die komplizierteste Arbeit des gesamten Projekts.

Gelohnt hat sich die Mühe allemal!

Heute ist der Verkehrsknoten Jungfernstieg eines der meistbefahrenen Nahverkehrszentren Hamburgs, ein Labyrinth unterirdischer Geschäftigkeit. Damit aber mögen sich die Verkehrsplaner nicht zufriedengeben. Schon hat sich ein gewaltiges Schneidrad mit sechseinhalb Metern Durchmesser vom Überseequartier an der Elbe bis zum Jungfernstieg durch das Erdreich gefressen. Nach dreieinhalb Jahren hat die rotierende Maschine mit dem schönen Namen Vera 190.000 Kubikmeter Erde und Steine beiseitegeräumt und sich dabei manch einen Zahn ausgebissen. Dann waren die fünfeinhalb Kilometer bewältigt. Ab Herbst

2012 wird hier eine neue U-Bahn-Linie fahren und die Fahrgaststatistik des Schnellbahnknotens weiter in die Höhe treiben.

6

»Jungfern sünd de sülwen bleewen«: Ein Kunstwerk auf dem U-Bahn-Steig

Bleibt in dieser Hektik weltstädtischen Untergrundlebens wenigstens dem einen oder anderen der Vorbeieilenden etwas Zeit für die Betrachtung eines originellen Kunstwerks, das ihn an die Wurzeln dieses geschichtsträchtigen Ortes erinnert?

Schon einmal hatte es an dieser Stelle eine Großbaustelle gegeben. Gegen Ende der zwanziger Jahre des vergangenen Jahrhunderts waren die Verkehrsanlagen des Hoch- und Untergrundbahnnetzes durch den Bau der Strecke Colonnaden–Jungfernstieg erweitert worden.

Eine technisch komplizierte Aufgabe war der Weiterbau der Strecke mit der Haltestelle Jungfernstieg unterhalb des Alsterabflusses und der Reesendammbrücke. Die Baugrubensohle lag dort fast zwölf Meter unter der Straßenoberfläche und noch sechseinhalb Meter unter der Alsterflusssohle. Der Baugrund ist an dieser Stelle nicht homogen. Sand- und Geröllschichten wechseln mit Moor- und Schlammschichten und mittelalterlichem Schüttboden. Auch damals mussten sich die Bauplaner entschließen, den älteren südlichen Teil der Reesendammbrücke abzubrechen und über dem Bahntunnel wiederaufzubauen.

Während der Bauarbeiten 1932 stießen die Arbeiter auf eine Ansammlung von Findlingen und eine große Zahl starker Eichenpfähle, die von dem alten Mühlenwehr des Müllers Reese stammten. Es war sicher eine gute Idee, einen der Eichenrammpfähle als Zeugnis der frühen hamburgischen Wirtschaftsgeschichte zu erhalten. Im Atelier des Hamburger Bildhauers Professor Richard Lucksch wurde der Pfahl zu einer Bildsäule künstlerisch aufgewertet. In Anspielung auf den Jungfernstieg schnitzte Luksch sieben Frauenfiguren, deren unterschiedliche Gewänder die sieben Jahrhunderte symbolisieren, die seit der Errichtung des Mühlenwehrs vergangen waren.

Der Schriftsteller Hermann Claudius, ein Enkel des »Wandsbeker Boten« Matthias Claudius, dichtete dazu den Vierzeiler:

De Jahrhunnert de sünd söben
Jungfern sünd de sülwen bleewen.
Und ick ole Ekenpahl
stah hier op dat sülwe Mal.

Die Bildsäule, die Professor Luksch der Stadt zum Geschenk machte, steht mit einer Bronzetafel am Bahnhof Jungfernstieg auf dem Bahnsteig der U-Bahn-Linie 1, ziemlich genau an der Stelle, wo der Rammpfahl gefunden wurde. Die letzte Zeile des Gedichts nimmt darauf Bezug.

7

Eine »Alsterburg« gegen das Macht-symbol des Erzbischofs. Oder: Wem gehört Hamburg?

Lange, sehr lange schon, bevor die jungfräulichen Eichenpfähle zwecks künstlerischer Veredelung aus dem Alsterschlick geborgen wurden, hatte die Alster ihre nach den Maßstäben der Zeit beachtliche Hafenkarriere begonnen.

Seit dem Jahr 850 hatte sich die kleine Wiksied-lung an der nach 810 entstandenen Hammaburg wirt-schaftlich günstig entwickelt. Die kleine Landeanlage an der Alster wurde erweitert und mit Lagerhäusern ausgestattet. Die Kaufleute der Gegend, die schon Handelsbeziehungen mit dem Rheinland und der friesischen Region unterhielten, kamen zu Wohl-stand – daher der spätere und heute noch bestehende Name »Reichenstraße«. Innerhalb von zweihundert Jahren stieg die Bevölkerungszahl von zweihundert auf fünfhundert Menschen. Nicht mitgerechnet die Geistlichkeit, die sich ihre Pfründe zu sichern wusste, seit Papst Gregor IV. Hamburg 832 zum Erzbistum erklärt hatte. Die Hafenanlage, deren feuchter Unter-grund mit Grand und Holzkohle begehbar gemacht worden war, kam den Gottesmännern besonders ge-legen. »Sie diente der Bequemlichkeit des Bischofs und seiner Getreuen«, notierte ein Historiker, »wenn sie für ihre Reisen außer Landes Schiffe benutzten.«

Der kleine Alsterhafen weckte Begehrlichkeiten und wurde immer wieder überfallen. 915 fielen die Slawen in den Hamburger Sprengel ein und richteten schwere Verwüstungen an. 983 kamen sie wieder mal vorbei und ließen die Siedlung in Flammen aufgehen. Auch die Obotriten mischten 1066 und dann noch einmal sechs Jahre später kräftig mit. Die Wik- und Hafensiedlung Hamburg hat sich nach solchen Überfällen immer erstaunlich schnell wieder erholt. Die Hammaburg selbst war allerdings schon nach einem Wikingerüberfall im Jahr 845 nicht wieder aufgebaut worden.

Dabei führt uns die Bezeichnung Burg auf eine völlig falsche Fährte. Jedenfalls, wenn wir uns von dem Bild einer mittelalterlichen Burganlage leiten lassen und uns von unserer Fantasie einen von Rittern und Burgfräuleins bewohnten Wehrbau mit einem weithin sichtbaren Burgfried und vielen Türmchen und Erkern rundherum vorgaukeln lassen. Das Ganze natürlich umgeben von einem ansehnlichen Burggraben und stattlichen Zugbrücken, die man hochfahren konnte, wenn Gefahr im Verzug war. Nein, die Hamma»burg« war verbale Hochstapelei. Sie war nichts weiter als ein aus Erde und Holz aufgeschichteter, mit seinen vielleicht gerade einmal 130 Metern im Quadrat ziemlich piefiger Palisadenbau. Ein paar Holzhäuser für maximal fünfzig Ur-Hamburger mögen innerhalb des Walls gestanden haben, in dessen Kasematten Waffen und Nahrungsmittelvorräte aufbewahrt wurden. Das war's.

Ihren Namen erhielt die Hammaburg nach dem altdeutschen Wort »Ham«, das ein Gelände am Fluss oder auch eine Sumpflandschaft bezeichnet. Genau das traf ja für die Alsterniederung zu. Und immerhin hat die verbale Aufwertung eines schlichten Erdwalls zu einer Burg in den Köpfen der Ur-Hamburger wohl die Vorstellung heranreifen lassen, man könne sich ja auch mal etwas mehr leisten, etwas, das der anspruchsvollen Bezeichnung Burg eher gerecht wird.

Die Idee kam von einem Gottesmann, dessen Gottvertrauen nicht ganz so groß war wie sein Vertrauen in handfeste Steine. Schon den ersten aus Quadersteinen gebauten Mariendom verdankte Hamburg dem Erzbischof Bezelin Alebrand. Vom Dom hat der Zahn der Zeit nichts übrig gelassen. Aber ein anderes Bezelin zugeschriebenes Werk, bei Ausgrabungen 1962 als archäologischer Sensationsfund gefeiert, hat seine Spuren hinterlassen: Auf der Sohle einer Baugrube Ecke Speersort und Kreuslerstraße stießen die Bauarbeiter auf ein mächtiges, aus Findlingen aufgeschichtetes Fundament eines Rundturms von fast zwanzig Meter äußerem Durchmesser. Bezelin hatte sich eine dreigeschossige Turmburg als »palatium« gegenüber der alten Hammaburg bauen lassen und sich durch eine eigene Wasserversorgung – so deuten es die Archäologen – sogar auf längere Belagerungszeiten eingestellt. Wäre der Erzbischof nicht bald darauf in die Chefetage seines Herrn abberufen worden, hätte er möglicherweise seinen Plan realisieren können, ganz Hamburg mit einer Mauer zu umgeben und mit zwölf Türmen zu befestigen.

So aber musste er seinem Nachfolger Adalbert alles Weitere überlassen. Und dem schwebte Großartiges vor: Er wollte sich die Würde eines Patriarchen mit Jurisdiktion über alle Bistümer des Nordens verschaffen – was ihn sicher für die weltlichen Landesherren unangreifbar gemacht hätte. Diese Vision war ihm einiges wert; sogar die ihm auf Empfehlung Heinrichs III. angetragene Papstwürde hat er deshalb ausgeschlagen. Das nordische Patriarchat mit einem Erzbistum Hamburg als Zentrum scheiterte schließlich daran, dass einerseits die skandinavischen Könige selbst gern die Kontrolle über die Bistümer behalten wollten und auf der anderen Seite auch Papst Leo den Schwanz einzog, weil er eine solche Machtfülle am Nordrand seines geistlichen Imperiums als nicht sehr prickelnd empfand.

Zu schaffen machten dem Papst nicht nur die Konkurrenz aus den eigenen Reihen, sondern auch die Machtansprüche seiner weltlichen Gegenspieler. Kaum hatte sein Statthalter an Alster und Elbe seinen Bischofsturm fertig, da reagierte Bernhard II., der über Holstein, Stormarn und Hamburg herrschende Herzog mit Grafengewalt, mit dem Bau der ersten »richtigen« Hamburger Burg: Etwa an der Stelle des heutigen Rathauses ließ er sich als sichtbares Zeichen seines Herrschaftsanspruchs eine wuchtige, rechteckige »Hofburg« errichten. Die erste und einzige, deren Name sich mit dem unserer schönen Alster verband.

Diese Alsterburg aber war dem Nachfolger Bernhards zu wenig. Im Zuge der sich zuspitzenden Feindschaft mit Adalbert, dem bedeutendsten der Erzbischöfe, der als Mann von feiner Lebensart den grobschlächtigen Provinzfürsten nicht mochte, ließ er eine zweite Burg bauen, heißt es. Die stand auf einem Sumpfgelände am gegenüberliegenden Alsterufer unterhalb der Alsterburg seines Vorgängers. Die »Neue Burg«, an die noch ein Straßenname an der Ruine der Nikolaikirche erinnert, knüpfte an die Tradition der verbalen Hochstapelei an: Sie war wieder nur ein einfacher Ringwall und von dem Anspruch auf den Titel »Burg« weit entfernt.

8

Wo sich »Gerechtigkeit und Frieden küssten«: Alster-Feuerwerke mit Symbolkraft

Zu den Hauptvergnügungen unserer Hanseaten, so wusste 1796 ein Chronist in einer Spottschrift zu berichten, gehöre das Vogelschießen, der alljährliche Umzug der Waisenkinder und das Hängen und Köpfen.

Letzteres galt natürlich nur für diejenigen unter unseren Urgroßvätern, die es nicht selbst erwischte. Beim Hängen jedenfalls macht es ja einen nicht unwesentlichen Unterschied, ob man sich die Sache als Abonnent aus dem Parkett ansieht oder ob man als Hauptdarsteller auf den Brettern steht, die nur noch für ein paar Augenblicke diese Welt bedeuten.

Bei anderen Vergnügungen ist dieser Unterschied nicht ganz so gravierend, obwohl es durchaus etwas ausmacht, ob man beim Feiern direkt dazugehört und folglich ganz vorn stehen darf oder ob einem der Vordermann die Sicht versperrt und man ihm als Zaungast über die Schulter gucken muss.

Vielleicht war das der Grund, der unseren Chronisten veranlasste, die Alsterfeste in seiner Aufzählung der Hauptvergnügungen einfach zu unterschlagen. Denn der gemeine Pöbel – und das waren zu jener Zeit nach Ansicht der wenigen Wohlweisen und Wohlhabenden, die etwas zu sagen hatten, alle diejenigen, die weniger besaßen und schon gar nicht das Recht, das Maul aufzumachen.

Es sei denn, um zu staunen.

Dieser gemeine Pöbel war allenfalls als respektable Kulisse für das »Amüsemang« zu gebrauchen. Diese Rolle spielte er aber recht überzeugend. Weit mehr als 180.000 Schaulustige verzeichneten unsere urgroßväterlichen Statistiker bei Festen rund um die Alster schon im 19. Jahrhundert. Die Fenster- und Dachplätze der umliegenden Häuser nicht einmal mitgerechnet!

Entdeckt hatten die Hamburger ihre Alster für allerlei Lustbares lange vor dieser Zeit. Wenn schon am Wasser gebaut und dafür gelegentlich nasse Füße in Kauf genommen, dann wollten sie wenigstens gelegentlich auch richtigen Spaß aus ihrer Topografie ziehen.

Den leisteten sie sich, indem sie sich zu festlichen Anlässen ein illuminiertes Schiff oder eine »Spielschüte« mieteten, in der auch die Damen allein herumschippern durften, um die Schwäne zu füttern und munter über unseren im Handel mäßig erfolgreichen Herrn Urgroßvater zu lästern. Der stand sich währenddessen am Stehpult seines Comptoirs in der Deichstraße oder am Alten Wandrahm die Füße platt und rechnete hin und her, wie er die Vergnügungssucht unserer hanseatischen Frau Urgroßmutter finanzieren konnte.

Er selbst hatte ganz andere Vorstellungen vom Vergnügen. Wenn man schon einen so riesigen und ansprechenden Dorfteich mitten in der Kaufmannsfestung Hammonias hatte, musste der doch auch für

»allerlei öffentliche feuerwerkerische Schaustellung«
etwas hergeben.

Sicher: Da gab es ein paar professionelle Mies-
macher – heute nennen sich solche Leute Journalis-
ten – die behaupteten, Hamburg sei ein Paradies der
Regenschirmhändler, und die Stadt sei deshalb für so
manches nicht, am wenigsten aber für Feuerwerke der
geeignete Platz.

Jetzt erst recht, dachte unser hanseatischer Urgroßvater. Wenn's ums Vergnügen ging, konnte er ebenso
hartnäckig sein wie in Geldangelegenheiten.

Was fehlte, war nur ein würdiger Anlass.

Den bot der Westfälische Frieden, den der Kaiser
1648 als Schlusspunkt des Dreißigjährigen Krieges mit
Frankreich und Schweden schloss.

Das heißt: So ganz trauten die Hanseaten dem Frieden des Kaisers (der ja nie so richtig »ihr« Kaiser gewesen war) nun doch nicht. Sie begnügten sich deshalb
zunächst mit etwas Glockengeläute (das nicht so viel
kostete wie ein Feuerwerk) und einigen Festpredigten
(die auch ziemlich preiswert zu haben waren).

Sicher ist sicher!

Die richtige Friedensfeier leisteten sich die Hamburger erst zwei Jahre später, als klar war, dass der
Friede des Kaisers auch einigermaßen halten würde.

»Der Verlauf war ähnlich wie 1648«, schreibt ein
Historiker, »hinzu kam jedoch ein prächtiges Feuerwerk auf der Alster, das in der Hauptsache die Gerechtigkeit und den Frieden darstellte wie sich beide küs-
sen. Unter währendem Feuerwerk wurde ein schönes
Friedens- und Freudenlied von Pastor Johannes Rist

mit Pauken und Trompeten wechselweise gesungen und abgeblasen, wobei zum Schlusse eine Menge Raketen in die Luft stiegen.«

Die Freude sei so groß gewesen, berichtete ein staunender Augenzeuge, dass sich in der drängelnden Volksmenge keine Schlägerei, nicht einmal Zank und Wortwechsel »bemerklich« gemacht hätten.

Feuerwerke waren damals eine Art außertarifliche Sonderleistung der Hamburger Artillerie, deren Offiziere – wenn sie im Dreißigjährigen Krieg schon die feindlichen Horden immer nur respektvoll an den Festungsanlagen vorbeimarschieren sahen und niemals richtig zum Kämpfen kamen – wenigstens hier eindrucksvoll beweisen konnten, was sie vom Feuern verstanden.

Unserem politisch und militärisch nicht allzu versierten hanseatischen Herrn Urgroßvater war es ziemlich egal, für was die bunt gekleideten Constabler ihre Lunte zündeten. Hauptsache, es knisterte recht schön. Und so gab es denn ein Alsterfeuerwerk nicht nur zum Westfälischen Frieden, es gab auch eins zu Ehren des Erzherzogs Joseph, als der 1690 zum römischen König gewählt wurde. Als er neun Jahre später eine gewisse Prinzessin Wilhelmine Amalie von Hannover heiratete, gab es noch eins.

Und als sich der Preußenkönig Friedrich Wilhelm I. 1709 die ehelichen Fesseln und Kaiser Karl VI. 1711 die Krone verpassen ließen, feuerwerkelten die Hamburger wieder einmal eifrig mit.

Aber nicht nur sie. Schon 1698 hatte der englische Gesandte es sich nicht nehmen lassen, auf Anweisung seines royalen Arbeitgebers mit einem Feuerwerk an den Sieg von Ryswick zu erinnern. Kein Hamburger wusste vermutlich, wer sich in Ryswick um was geprügelt und wer gewonnen hatte. Aber sie drängelten zu Ehren des Siegers so sehr, dass drei Frauen und zwei Kinder ins kalte Alsterwasser fielen und jämmerlich ertranken.

Es ging Schlag auf Schlag mit den Feuerwerken. Unsere hanseatischen Urgroßeltern konnten den Hals einfach nicht voll genug bekommen.

Zwischendurch trieben sie es noch auf eigene Faust während nächtlicher Schutenfahrten, und sie handelten sich dafür von ihren ehrbaren Stadtvätern 1717 zur »Abstellung des Unfugs« prompt ein Verbot ein. Überhaupt nahm es die Obrigkeit mit der Ordnung sehr genau. Zu annähernd jedem Alsterfest wurde ein Mandat erlassen, nach dem am Tage des Feuerwerks ab mittags kein Fuhrwerk mehr über den Jungfernstieg holpern durfte. Alle Schuten- und Ewerführer, die Milch aus Eppendorf heranbrachten, mussten sich unter Androhung von zehn Reichstalern Strafe mindestens zweihundert Schritt weit vom Feuerwerksgerüst fernhalten.

An Land ging es nicht weniger streng zu. »Damit die zur besonderen Zierde der Stadt gereichende Promenade des Jungfernstiegs nicht geschändet und die daselbst befindlichen Bäume von muthwilligen Jungen oder anderen ungezogenen Menschen durch Aufklettern ruiniert, mithin zugleich andere am Zusehen gehindert werden ...«, so verordnete der Rat, solle über

Zuwiderhandelnde eine sofortige Arreststrafe verhängt werden.

Vom Ast in den Knast – das war unserem Urgroßvater die Sache denn doch nicht wert. Schließlich wollte er das nächste Feuerwerk nicht durch die Gitterstäbe des Zuchthauses hindurch beobachten, das am Ufer der Binnenalster einen hübschen Standort gefunden hatte.

Und das nächste Feuerwerk war bald fällig! Mal spendierte es der russische Resident 1721 zum Krönungsfest seines Zaren Peter I., dann wieder griff der Hamburger Rat selbst in die Tasche, weil Kaiser Franz I. Stephan und Maria Theresia gekrönt wurden. Der Rat verkündete es seinen Untertanen durch einen auf Schuten errichteten Tempel, der die Inschrift »Säule des Heiligen Römischen Reiches« trug. Natürlich auf Lateinisch, was unseren hanseatischen Urgroßvater veranlasste, sich verlegen den Kaufmannsschädel zu kratzen und seinen sich mit ihm um den besten Platz am Alsterufer drängelnden Nebenmann nach dem Sinn der Worte zu fragen. Der wusste es aber auch nicht, weil es im Hauptbuch der Gewürzhandlung nicht vorkam. So wandte er seine Aufmerksamkeit dann lieber wieder dem von Wassergöttern gehaltenen Stadtwappen zu und dem vor dem Tempel plätschernden Springbrunnen, der ihn irgendwie an den munteren Fortgang seiner Handelsgeschäfte erinnerte. In solchen Gedanken schwelgend ließ es sich geduldig ausharren, bis sieben Kanonen und unzählige Waldhörner und Pauken das Ende des Feuerwerks ankündigten.

Manchmal dauerte so ein pyrotechnisches Volksfest drei Stunden lang. Das für das österreichische Kaiserpaar sogar vier. 1745 war das übrigens.

Bald darauf gab es noch einmal eine Hundertjahrfeier des Westfälischen Friedens.

Dann aber gerieten die Alsterfeuerwerke – ohne dass man dafür einen plausiblen Grund finden könnte – für lange Zeit in Vergessenheit.

Erst in der zweiten Hälfte des vergangenen Jahrhunderts wurden sie wiederentdeckt. Nicht nur zum alljährlichen Alstervergnügen, sondern auch zum »Japanischen Kirschblütenfest«, zu dem die japanische Kolonie ihren Hamburger Gastgebern alljährlich einen wahren Feuerzauber spendiert.

9

Ein Großer Brand mit Folgen: Die Alster verändert ihr Gesicht

Der Feuerzauber, der sich anno 1842 auf der gekräuselten Wasserfläche der Binnenalster spiegelt, entbehrt jeglichen Spaßfaktors.

Als nach vielen Wochen extremer Trockenheit am 5. Mai 1842 nachts um eins der Schreckensruf »Füer, Füer in de Diekstraat« durch die engen Gassen der Wohnquartiere hallt, kann niemand ahnen, dass dieses Feuer jeden zehnten Hamburger obdachlos machen, dass es 51 Menschenleben fordern und als »der Große Brand« in die Geschichte eingehen wird. Die dichte Bebauung der Altstadt und die Fachwerkhäuser, deren Gebälk durch ein fast regenfreies und ungewöhnlich warmes Frühjahr knochentrocken war, setzen den Flammen keinen Widerstand entgegen.

Hamburg versinkt in drei Katastrophentagen erst im Feuer und dann im Chaos. Die Stadtväter sind überfordert, und plündernde Banden räumen mit Vorliebe die Weinkeller brennender Bürgerhäuser aus. Der Stadtchronist Johann Gustav Gallois jedenfalls wird später von »vollendeter Anarchie« sprechen.

Als der Senat am Mittag des 8. Mai das Ende des Feuers verkündet, sind die Quartiere südlich und östlich der Binnenalster nur noch penetrant vor sich hin rauchende Trümmerflächen.

Nicht alle Häuser am Jungfernstieg sind ein Opfer der Flammen geworden. Schon einen Tag nach dem Ausbruch des Feuers hat sich das Ganze zum Inferno des »Großen Brandes« ausgeweitet.

Unkonventionelle Methoden der Brandbekämpfung waren angesagt. William Lindley, der begnadete englische Ingenieur, der dem Wiederaufbau wichtige Impulse geben sollte, ließ am Jungfernstieg vorsichtshalber Häuser sprengen, um ein Übergreifen der Flammen auf den Gänsemarkt zu verhindern. »Streit's Hotel« musste daran glauben, ebenso die »Alte Stadt London«, dort, wo heute der »Hamburger Hof« steht, und das Stadtpalais Salomon Heines, der die Sprengung sogar freiwillig angeboten hatte und sich einmal mehr damit den Ehrentitel als Wohltäter unserer Stadt verdient hat.

Als die Trümmer abgekühlt waren, bot der Jungfernstieg ein erbärmliches Bild. Und als die Trümmer beiseitegeschafft waren, offenbarten sich die deprimierenden Folgen der Katastrophe. Hamburgs Flanierboulevard war zu einem Obdachlosencamp mit notdürftig zusammengezimmerten Holzhütten mutiert. Die Alster hatte den Jungfernstieg als ihre schönste Perle im Collier Hammonias verloren.

Immerhin aber hat der Große Brand unserer Stadt und ihrer Alster bei allem Leid auch manches hinterlassen, was in der oft verquasten Sprache unserer heutigen Politiker mit dem Forstwirtschaftsbegriff »nachhaltig« belegt wird. Um nur einiges hervorzuheben:

Unmittelbar nach dem Verglühen der letzten Aschenreste belichtete ein Hamburger Daguerreotypist namens Stelzner das älteste bekannte Reportagefoto, auf dem die Schäden rund um die Binnenalster dokumentiert sind.

Aus dem Trümmerschutt von 1842 wurde der Alsterdamm (heute Ballindamm) aufgeschüttet, der übrigens mit dem Trümmerschutt des Zweiten Weltkriegs verbreitert wurde.

Die Stadt erhielt ein neues Gesicht mit dem schönsten Make-up. Der Architekt Alexis de Chateauneuf leitete die vorbereitende Technische Kommission und legte selbst Hand an: An der Kleinen Alster, dem Stückchen Fleet zwischen Reesendammbrücke und Schleusenbrücke, schuf er die klassizistischen Alsterarkaden.

So ganz nebenbei fiel durch den Großen Brand für das politische Hamburg auch noch eine längst überfällige Verfassungsreform ab, weil das Versagen des Stadtregiments bei der Bekämpfung des Feuers und seiner Folgen offenkundig war.

Die gute alte Alster nahm solche Veränderungen mit gelassener Heiterkeit zur Kenntnis. Sie lächelte ihren Hamburgern zu, sie schmückte sich mit den schönsten Ufern, die nicht nur rund um den Alstersee entstanden, sondern auch weiter oben an den Alsterläufen, deren wichtigster, rund 56 Kilometer nördlich in einem Moortümpel bei Henstedt-Ulzburg beginnend, sich mit einem Gefälle von 31 bis auf vier Meter über Normalnull der Stadt nähert.

Je näher das Flüsschen der Stadt kommt, desto auffälliger verändert die Alster ihr Gesicht: weitgehend naturbelassen in ihrem oberen morastigen und moorigen Quellgebiet, wird sie mit ihrer Annäherung an die Stadt zunehmend »vornehmer«, indem sie die Kulisse für jenes Maß an großbürgerlicher Wohnkultur stellt, die das »Leben am Wasser« für einen Hamburger so einzigartig und erstrebenswert macht. Sie ist, um es mit der schlichtesten und ehrlichsten aller Vokabeln auszudrücken, einfach schön. Und sie hat, weiß Gott, keinen Grund, ihr Antlitz zu verhüllen. Jedenfalls nicht freiwillig.

Einmal, ein knappes Jahrhundert nach der Katastrophe des Großen Brandes, dem eine weitaus größere folgen sollte, war die Alster gezwungen, ihr Gesicht zu verstecken. Nicht unter einem sanften, ihre Jungfräulichkeit verwischenden Schleier, sondern unter einer massiveren und ziemlich hässlichen Maske. 1941 verordneten ihr die Nationalsozialisten eine »Camouflage«, eine Tarnung aus Holz, Pappe, Netzen und Leinenflächen, künstlichem Rasen und künstlichen Bäumen. Die gesamte sechshundert Meter lange und annähernd ebenso breite Binnenalster war mit einem solchen Illusionsszenario aus simulierten Fleeten, Straßen und bemalten Hausattrappen überbaut.

Sinn der nationalsozialistischen Anstrengungen sollte es sein, die Bomberpiloten der Royal Air Force über die Topografie der Stadt zu täuschen. Sie sollten in ihren Cockpits glauben, ein reines Wohngebiet zu überfliegen.

Die Tarnung war raffiniert angelegt. Sie reichte über die Lombardsbrücke hinweg bis auf die Außenalster. Auf den Sperrholzattrappen war weiter nördlich sogar eine neue Binnenalster »angelegt«.

Die anfliegenden Bomberverbände der Alliierten sollten durch dieses Versteckspiel daran gehindert werden, die für die Wirtschaft und den Personenverkehr der Stadt wichtige Verbindungsbahn zwischen dem Hauptbahnhof und Altona identifizieren und treffen zu können.

Gut gedacht, aber vergebens!

Späher des britischen Geheimdienstes hatten den Täuschungsversuch der Deutschen Luftabwehr längst nach London gemeldet.

Viel Spaß hatten die Hamburger am Anblick ihrer Alster in diesen Monaten ohnehin nicht. Vor allem war ihnen ihre Geselligkeit abhandengekommen.

Und gerade dafür stand ja die Alster wie sonst nichts in dieser Stadt.

10

Des Meisters Zuckerwasser fürs Erfrischungstuch: Jubelnde Damen und entsetzte Kavaliere

»Die Alster lehrt gesellig sein«, hatte der bereits zitierte Friedrich von Hagedorn seinen Landsleuten ins Stammbuch geschrieben. Beim alljährlichen Alstervergnügen liefern bis zu 150.000 wackere, das Gedränge nicht fürchtende Biertrinker und Würstchenvertilger den augenfälligen Beweis, dass der Dichtersmann mit seiner Aussage ins Zentrum hanseatischen Selbstverständnisses getroffen hat. Mit Bratwurstfett bekleckert zu werden und des Hintermanns Frittenketchup als muntere Farbtupfer auf dem sonst so tristgrauen hanseatischen Trenchcoat mit nach Hause zu nehmen – das ist der Preis der Alstergeselligkeit, den lokalpatriotisch gestimmte Hamburger gern zahlen.

Im Übrigen signalisiert das Alstervergnügen pralle Lebensfreude und jenes Maß an ganz unhanseatischer Ausgelassenheit, das man unserer Region angedichteten nordischen Eiswinden und den darin steif gefrorenen Elbhanseaten andernorts kaum zutrauen würde. Sogar unvermittelt auftauchenden Aktionskünstlern, die in den Hamburgern einen ungewohnten, aber deutlich erkennbaren Drang zum Mitmachen zu entfachen verstehen, finden zwischen Jungfernstieg und Ballindamm ihr Publikum. Was hamburgische Seriosität zu anderen Zeiten als Gaukelei ins Abseits zu stellen trachtet – zum Alstervergnügen steht es in voller Blüte!

Die Alster lehrt gesellig sein ...

Vor etwas mehr als anderthalb Jahrhunderten war das nicht anders. Nur dass der äußere Aufwand, der betrieben wurde, um einiges größer war. 1841, als das dritte Norddeutsche Musikfest auf dem Programm stand, hatten emsige Baumeister auf der Alsterhöhe – dort, wo heute die Kunsthalle steht – eigens einen Saal aufgebaut. Drei Tage lang wurde ausgerechnet in der Stadt, von der sich einem Literaten zufolge Apollo mit Grausen abwandte, aus vollem Hals gesungen, was die Kehle hergab.

Auf der Alsterhöhe scharten sich fünftausend Musikfreunde um berühmte Stars wie die stimmgewaltige Dresdener Sängerin Wilhelmine Schröder-Devrient und den fingerfertigen Franz Liszt. Ihm, dem kraftvollen Tastenhengst, wurde sogar eine besondere Ehre zuteil, die uns unsere sonst so zugeknöpfte hanseatische Urgroßmutter in einem ganz anderen Licht erscheinen lässt: Wenn sich der Meistervirtuose so recht in Rage gespielt hatte, sollen die Damen der Gesellschaft jedes Mal ihre hanseatische Contenance verloren haben und zum Entsetzen der sie begleitenden Herren aufs Podium gestürmt sein. Dort nämlich hatte Franz Liszt sein Erfrischungs-Zuckerwasser stehen, und in das tauchten die enthusiasmierten Hamburgerinnen ihre Taschentücher, mit denen sie ihr vor Erregung brennendes Gesicht kühlten. Der

Meister ertrug es mit der Gelassenheit eines ungarischen Kavaliers.

Ob ihm hinterher sein Zuckerwasser noch geschmeckt hat, ist nicht überliefert.

Nicht nur die Ohren, auch die Augen sollten bei Uropas Alstervergnügen zu ihrem Recht kommen. Deshalb hatten die Gastgeber auf einem Schuten-Ponton mitten auf der Binnenalster einen Pavillon errichtet. Dabei hatte ihnen keineswegs hanseatisches Understatement die Feder auf dem Reißbrett geführt; denn das Bauwerk geriet ihnen zu einem prunkvollen byzantinischen Palast. Damit sich ein Hauch von Tausendundeine-Nacht-Zauber über die Alster legen konnte, spendierte der Festausschuss 16.000 verschiedenfarbige Öllampen.

Das Programm kannte keine Unterbrechung.

Wenn sich ein Sangesbruder so recht nach Herzenslust müde gesungen hatte, bliesen Musikcorps auf den rund um den byzantinischen Palast herumschippernden beleuchteten Schiffen lautstarke Pausenfüller.

Noch eindrucksvoller war die Kulisse, als 1886 die Architekten und Ingenieure eine ihrer »Wanderversammlungen« in Hamburg abhielten. Martin Haller, der maßgebliche Architekt des 1897 fertiggestellten Hamburger Rathausees, legte sich mächtig ins Zeug: Mitten auf der Binnenalster errichtete er einen achteckigen Kuppelbau von fünfzehn Meter Durchmesser. Eingerahmt wurde das Kunstwerk von vier Pavillons, in denen abends bis in die Nacht hinein Walzer und Polka getanzt wurde. Und wenn sich die Paare verausgabt hatten und eine wohlverdiente Tanzpause einlegten, warfen sie einen erholsamen Blick auf den Jungfernstieg, der festlich illuminiert war.

Kurz darauf geruhte Seine Majestät der König von Preußen den republikanisch gesinnten Hamburgern einen Besuch abzustatten. Und was taten die Republikaner zu einer Zeit, als das Wort »Republikaner« noch kein Schimpfwort war? Sie jubelten der Majestät zu. Und sie nahmen Martin Haller ein zweites Mal in die Pflicht, etwas überzeugend Eindrucksvolles auf die Binnenalster zu zaubern. Der dachte wirtschaftlich, was ganz im Sinne der sparsamen und auch immer etwas klammen Ratsherren war. Haller ließ den alten Ponton als Festinsel gleich stehen und genehmigte dem Preußenkönig die schönsten Heimatgefühle, indem er unsere Alster mit der Kulisse des Babelsberger Schlosses verzierte, dass dem König die Tränen der Rührung in die Augen gestiegen sein sollen. Schließlich hatte man die Schlossfassade mit durchscheinenden Leinenfenstern versehen und das Prachtwerk »mit reichlich Grassoden und Nadelhölzern« zu einer wahrhaft königlichen Schlosslandschaft aufgewertet. Das war schon ein paar königliche Tränchen wert!

Als Kaiser Wilhelm ein paar Jahre später zur Einweihung der Freihafen-Speicherstadt mit großen Gesten und großem Gefolge anrückte, boten wiederum die Alster und der Jungfernstieg eine würdige Kulisse für den Auftritt des nach hanseatischem Geschmack immer ein bisschen zu zackigen Hohenzollern. Was nicht heißt, dass sie dem Gast nicht jubelnde Reverenz erwiesen hätten.

Ein Chronist hat das Spektakel für die Nachwelt aufgeschrieben: »Als der Kaiser hier ans Ufer stieg«, lässt er uns wissen, »legten sich die sein Dampfboot begleitenden Ruderboote im Kreis um den Landesteg. Die Insassen grüßten durch Hochheben ihrer Riemen und brausenden Hochruf, in das die in den Straßen Kopf an Kopf stehende und auch auf den Dächern angesammelte Menschenmenge laut mit einstimmte.«

11

Erotisches Vergnügen am Jungfernstieg:
Ein Veilchenbouquet als Schlüssel zum Paradies

Der Jungfernstieg hat für die Hamburger seit seiner Anlage 1665 immer einen besonderen Stellenwert gehabt. Er mobilisierte lange Zeit Emotionen wie kein anderes »Ereignis« in der Stadt. Er war von Anfang an eine Flanierstraße, auf der das Gesellschaftsspiel des Sehens und Gesehenwerdens emsig praktiziert wurde.

1733 hatte ein Literat beobachtet: »Gewiss ist, dass dieser Ort eine von den angenehmsten Zeitverkürzungen ist, und findet man nicht selten vieltausend Personen daselbst bis 11 Uhr abends, absonderlich bei Mondschein spazieren gehen ...«

Aber wie das so im alten Hamburg zu sein pflegte: Wo sich das Volk zusammenfand, gab es von Zeit zu Zeit auch Raufereien. Infolge »stattgehabter Händel« ließ der Rat 1739 verkünden, habe sich auf dem Jungfernstieg »jedermann bescheidentlich zu betragen unter Androhung willkürlicher schwerer Strafe für jeden Ruhestörer«.

Am Ende aber vertrugen sich die Hamburger dann doch wieder.

Wer sich einen repräsentativen Auftritt leisten konnte, rollte in prunkvollen Karossen oder Stuhlwagen über den Jungfernstieg, oder er ließ sich gar in Sänften tragen. Die Nachfrage nach derartig feudalen Dienstleistungen führte sogar zur Gründung einer »Porte-Chaise-Gesellschaft«. Der Senat, der seine Schäfchen kannte, legte vorsorglich fest, wie sich die schleppenden Kulis und die getragenen Honoratioren zu betragen hatten: bescheiden, höflich und ohne Gewaltanwendung.

Ein weiteres Jahrhundert später hatte sich der Jungfernstieg zur Prachtstraße gewandelt und sich gewissermaßen selbst geadelt, nachdem der Große Brand die alte Bausubstanz weitgehend zerstört hatte.

Ein Reporter schrieb in der »Illustrirten Zeitung«: »Zwischen 1 und 4 promeniert die Hamburger Damenwelt vorzugsweise auf dem Jungfernstieg, theils um frische Luft zu schöpfen, theils um sich bewundern zu lassen, theils, um in den fashionablen Maganzins Einkäufe zu machen. Da der Gatte oder Vater im Comptoire beschäftigt, die Kinder oder kleinen Geschwister in der Schule sind, so haben sie jetzt die beste Gelegenheit, sich im Glanze ihrer Anmuth und Schönheit zu zeigen.«

Die Hamburger Männer nutzten die Gelegenheit, das Gelände zu sondieren und nach den Möglichkeiten eines erotischen Abenteuers Ausschau zu halten. Allerdings mussten sie ja erst mal das Geld verdienen, dessen es zu derlei Vergnügungen bedurfte. Sie kamen deshalb erst gegen halb drei, wenn die Börse zu Ende war.

Der Reporter beobachtete: »Hat doch besonders unter den jungen Börsenmatadoren gar mancher eine Dame, die seinem Herzen mehr oder minder theuer, die er liebt und anbetet. Wo dürfte er sicherer hoffen, ihr zu begegnen als auf dem Jungfernstieg?«

Die »zweite Hamburger Börse« nannte ein Chronist den Prachtboulevard, wo allerdings keine Umsätze gemacht wurden, sondern »Complimente«. Und der bereits erwähnte Schreiber der »Illustrirten Zeitung« hatte herausgefunden:

»Will der Cavalier der Dame seines Herzens noch eine besondere Aufmerksamkeit erweisen, so beschenkt er sie mit einem duftenden Rosen- oder Veilchenbouquet, das ihm eine der vor den Thüren der großen Hotels stehenden und in ihren schönsten Sonntagsstaat gekleideten Vierländerinnen entgegenreicht.«

Was der Reporter taktvoll verschwieg oder nicht wusste: Wer die Dame seines Herzens nicht am Jungfernstieg antraf, der musste in den einschlägigen Etablissements Ausschau halten; denn die hübschen Vierländerinnen – denen Heinrich Heine anzüglich und zweideutig nachsagte, sie versorgten ganz Hamburg mit frischen Erdbeeren und eigener Milch – sollen den spendablen Herren von der Börse jederzeit gern in eines der nahe gelegenen Hotels gefolgt sein. Nur dass ein bisschen mehr abfallen musste als ein mickeriges Veilchenbouquet.

Was immer die Herren von der Börse mit den Vierländer Mädchen erlebten – eine Premiere war es zumindest für die Damen nicht.

12

Uraufführung eines patriotischen Bekenntnisses:
Auf dem Jungfernstieg erklingt das »Lied der Deutschen«

Zu den Premieren, die dem Jungfernstieg alle Ehre machten, gehört die erste öffentliche Aufführung jenes Liedes, dem der Dichter Hoffmann von Fallersleben die Überschrift »Lied der Deutschen« gegeben hatte. Und das achtzig Jahre nach seiner Uraufführung zur deutschen Nationalhymne erhoben werden sollte.

Ende August 1841 hatte Hoffmann von Fallersleben – die Melodie von »Franz dem Kaiser« im Ohr – das Gedicht auf der Nordseeinsel Helgoland geschrieben. Kurz darauf nahm es der Hamburger Verleger Julius Campe, der schon an Heines »Buch der Lieder« gut verdient hatte, in Empfang und legte dem Dichter dafür vier Louisdor auf den Tisch – eine für damalige Verhältnisse immense Summe.

Schon am 1. September erschien das Lied zusammen mit den Noten auf ein zweiseitiges Faltblatt gedruckt und konnte für zwei Groschen erworben werden.

Der »Hamburger Liedertafel von 1823« schickte der geschäftstüchtige Verleger, dem natürlich an einer schnellen Verbreitung des Liedes lag, einen Stapel

Freiexemplare mit der Bitte, das Werk ins Repertoire zu nehmen.

Die Liedertafel ging bereitwillig darauf ein. Gegen die Melodie von Joseph Haydn war ja nichts einzuwenden. Und der Text war ja auch ganz passabel: Das von Sehnsucht getragene »Deutschland, Deutschland über alles« gefiel den Sangesbrüdern.

Auf der Suche nach einem Anlass, der Öffentlichkeit die Neueinstudierung zu präsentieren, wurden sie bald fündig: Für Anfang Oktober 1841 hatte sich der berühmte, aus Baden stammende Staatsrechtler und Patriot Professor Karl Welcker angemeldet. Ihm beschlossen die Hamburger Sangesbrüder vor seinem Hotel ein Ständchen zu bringen.

Welcker pflegte im »Streit's Hotel« am Jungfernstieg abzusteigen, der damals vornehmsten Herberge an der Alster.

Am 5. Oktober nahm der Gast die Ehrung aus rund einhundert kräftigen Männerkehlen gerührt entgegen. Hamburg darf sich somit rühmen, das in der Weimarer Republik zur Nationalhymne erklärte »Lied der Deutschen« aus der Taufe gehoben zu haben.

Die Presse nahm das Ereignis gebührend zur Kenntnis: »Kopf an Kopf standen nicht nur in der Straße vor dem Hause, sondern auch auf dem daran anstoßenden Gänsemarkte und in den Alleen des Alten und Neuen Jungfernstiegs die Massen der Teilnehmer, die zugleich Mitwirkende und Zuschauer waren.«

Rot brennende Fackeln tauchten den Jungfernstieg in eine feierliche Stimmung und trugen dazu bei, dass die Menschen patriotische Gefühle überkamen.

Hoffmann von Fallersleben fiel wegen seines Textes »Deutschland, Deutschland, über alles« in Ungnade; denn die Landesfürsten verstanden den Text unter anderem als Kritik an der Kleinstaaterei, die in Deutschland herrschte. Im preußischen Breslau verlor Hoffmann daraufhin sogar seine Universitätsprofessur.

Auch der Hamburger Verleger Campe ist mit dem »Lied der Deutschen« nicht so richtig glücklich geworden. Wenn auch aus ganz anderen Gründen. Im Februar 1842 schrieb er an seinen Autor: »Das Lied hat kein Glück gemacht, die Kosten bekomme ich nicht heraus.«

13

Unschuldig ins Jenseits geschickt: Die »Innocentia« aus dem Harvestehuder Kloster

Ohne jede Einschränkung: Anziehend ist sie allemal, unsere Alster. Anziehend in dem Sinne, dass sich Menschen jedes Alters und jeder sozialen Gruppe zu ihr hingezogen fühlen können. Anziehend auch in dem Sinne, dass die Hamburger den obligatorischen Osterspaziergang – soweit sich das aus der Dichte des Spaziergängerstroms ableiten lässt – offenbar lieber am Alsterufer absolvieren als an der Elbe.

Um wie viel stärker mag die Anziehungskraft des Alsterlandes gewesen sein, als dort noch dichter Baumbestand den Charakter bestimmte, als sich der Reiz des Geheimnisvollen über die Alsterkanäle legte und als die Einsamkeit denen, die sie suchten, reichlich Gelegenheit bot, in ihr verloren zu gehen und dabei sich selbst zu finden.

Welch eine Einladung, die Seele zu läutern.

Welch ein Platz für eine klösterliche Gemeinschaft!

Welch ein Ort, der Welt entrückt zu sein und doch ein wenig teilzuhaben an den Verlockungen der nahe gelegenen Stadt, deren aufgeregte Lebensäußerungen von Zeit zu Zeit auch durch dicke Klostermauern drangen.

1245 hatten fleißige Zisterzienserinnen in der Nähe der Elbe ein Kloster gegründet und ihr Dorf

Herwardeshude in kurzer Zeit zu Wohlstand geführt. Als sich die Damen ein halbes Jahrhundert später entschlossen, an die Alster zu ziehen, nahmen sie den Namen ihres Dorfs mit. Damit war die Keimzelle für Hamburgs heutigen Nobelstadtteil Harvestehude gelegt, und im gleichen Maße, wie sich dort wohlhabende Bürgersleute zu Hause fühlten, entwickelten die Klosterfrauen einen patrizisch-vornehmen Lebensstil. Das passte dem Administrator des in Bremen residierenden Erzbischofs zwar gar nicht, aber bei dem Versuch, eine grundlegende Klosterreform durchzusetzen, scheiterte der Mann an den Protestdemonstrationen von Hamburger Bürgern.

Durch die Unterstützung wurden die selbstbewussten Zisterzienser-Nonnen noch mutiger und unterstellten sich dem Schutz des Hamburger Rates.

Unter seinen Fittichen fühlten sie sich eine Zeit lang ziemlich gut aufgehoben. Dann aber kam es zum Konflikt, weil Hamburgs Stadtregierung sich 1529 den neuen lutherischen Glauben auf die Fahnen schrieb und die Zisterzienserinnen ihr auf diesem Weg nicht folgen wollten. Als der Konflikt eskalierte, ließ der Rat ein Jahr, nachdem er die Bugenhagensche Kirchenordnung eingeführt hatte, das Kloster auflösen und den Klosterbau abreißen.

Was blieb, ist eine hübsche Legende, die sogar einen Wahrheitsbeweis hinterlassen hat, der noch bis um das Jahr 1850 am Rande des alten Klostergeländes zu bestaunen war: Eine auf einem Hügel stehende, hübsch gewachsene Linde war trotz ihres hohen Alters ungewöhnlich klein geblieben. Der Grund dafür war eine Romanze besonderer Art, die erzählt zu werden verdient.

Eine brave Hanseatentochter hatte sich mit einem heiratswilligen Hanseatensohn verlobt. Die Sache wäre wahrscheinlich zu einem befriedigenden und kinderreichen Ende geführt worden, hätte nicht der junge Mann, Markenzeichen kaufmännischer Edelknappe aus gutem Hause, den Wunsch verspürt, sich im rechten Kaufmannsgeist seiner Vorväter den Wind der weiten Welt um die Nase wehen zu lassen und sich erst mal im Ausland Erfahrungen in Sachen Handelskunst anzueignen.

Das war gut so und entsprach durchaus hamburgischem Brauch. Aber die Sache dauerte – gewollt oder ungewollt – länger, als es das ungeduldig-liebende Herz des jungen Mädchens ertragen zu können glaubte.

Auch der mit Gewürzen handelnde Papa der jungen Dame rutschte in seinem Comptoirsessel auf dem Comptoir ungeduldig hin und her und dachte darüber nach, wie er die Ehre seiner Tochter retten konnte. Als er lange genug gedacht hatte, fasste er einen folgenreichen Entschluss: Er wollte seine Tochter bei einem anderen Bewerber unterbringen. Aber Töchter funktionieren manchmal nicht so, wie es Väter gern hätten. Sie fühlte sich an ihren Treueschwur gebunden und wollte lieber noch mal zwei, drei Jahre abwarten, bis der Verlobte wieder an den Laden kommen würde. Und im Übrigen, erklärte sie rundheraus, komme die zweite Wahl für sie ohnehin nicht infrage. Also ging sie ins Kloster, und zwar in das ganz feine nach Harvestehude, wo schon etliche unverheiratete höhere Töchter vor sich hin staubten. Dort, glaubte sie, befände sie sich in bester Gesellschaft für die Warteschleife.

Tatsächlich, so will es das Schicksal und die hamburgische Überlieferung, kam der in der Fremde gereifte Kaufmannssohn eines Tages zurück. Er verlangte sein Recht auf die Verlobte, und seine Ansprüche kollidierten mit den Rechten, die mittlerweile das Kloster auf das Mädchen erhob. Das jedenfalls weigerte sich, die junge Dame herauszugeben.

Wer will es dem jungen Mann verdenken, dass er eigenhändig und eigenfüßig durch die damals noch saubere Alster schwamm, um am Harvestehuder Ufer an Land zu steigen wie einst Aphrodite auf Zypern. Mit seiner Langzeit-Verlobten, so behauptete er später, habe er nur ein heimliches Schwätzchen halten wollen, um die Rechtslage zu erörtern.

Von da an verläuft die Sache im Dunkel. Haben die beiden etwa – oder haben sie etwa nicht? Das Fräulein Nonne behauptete, natürlich sei ihr Gelübde nicht gebrochen worden. Was sonst hätte sie auch sagen sollen? Und ihr hanseatischer Kavalier schwieg sich gründlich aus.

Leider waren da aber noch die neidischen Mitschwestern. Für sie war das in dem sonst so langweiligen Kloster eine heiße Sexstory, die sie mit der Fantasie der Zukurzgekommenen gehörig ausschmückten. So richtig standhaft und nonnenkeusch, so behaupteten sie, sei ihre liebe Mitschwester eigentlich nicht gewesen. Und das sogar immer und immer wieder.

»Wenn schon, denn schon«, war auch hinter Klostermauern eine ganz brauchbare Lebensregel.

Die Anklage lautete auf schuldig. Jedenfalls glaubte das Gericht den Neidschwestern und verurteilte das arme Mädchen wegen des ihr unterstellten gebrochenen Gelübdes zum Tode und ließ das Urteil auch gleich vollstrecken. Die Ratzfatz-Justiz verhinderte, dass der Fall noch einmal aufgerollt werden konnte. Dabei hatte die Delinquentin bis zuletzt immer wieder vehement ihre Unschuld beteuert. Als nichts half, flehte sie das Gericht an, wenn sie schon in ungeweihter Erde liegen müsse, dann wolle sie doch wenigstens auf dem Hügel unter einem kleinen Lindenbaum in der Nähe des Klosters begraben werden. Und so wahr sie unschuldig sei, schleuderte sie ihren strengen Richtern trotzig entgegen, werde die Linde fortan das Wachsen aufgeben und ganz klein bleiben.

Die von der Angeklagten behauptete Umschuld heißt in der Sprache der Rechtskundigen »Innocentia«, und so kam Hamburg im 19. Jahrhundert zu seinem »Innocentiapark« mit der kleinwüchsigen Linde.

Wenigstens posthum war die Ehre eines unschuldigen Mädchens gerettet.

14

Staatsstreich aus dem Kloster: Wie »die Elebecksche« den Hamburger Rat vorführte

Das zu Herzen gehende Schicksal eines liebenden Klosterfräuleins, das wir uns wohl als zartes und zerbrechliches Wesen vorstellen müssen, hatte eine Antipodin im Johannis-Kloster, das einen Steinwurf von der Alster entfernt lag – etwa dort, wo heute das Rathaus steht.

Die Vorsteherin, eine Margarethe Elebeck, war alles andere als eine zerbrechliche, in sich gekehrte und sensible Frau. Im Gegenteil: Sie war ausgesprochen machtbewusst. Da es ihr als Klosterdomina aus nahe liegenden Gründen an einem männlichen Widerpart ermangelte, an dem sie ihre Machtgelüste hätte austoben können, konzentrierte sie sich aufs politische Geschäft, wie das die feminine Ausprägung des homo hamburgensis auch heute noch gern zu tun pflegt. Nachdem die »Elebecksche«, wie man sie in Hamburg nannte, ihr würdiges Klosteramt dreißig Jahre lang pflichtbewusst und tadellos ausgeübt hatte, bekam sie einen Rappel und beschloss, eine einmalige Chance zu nutzen: Im Jahr 1699 war der Klosterbürger Kronenburg gestorben, der als eine Art Verbindungsoffizier zwischen Rat und St. Johannis-Kloster über wichtige Klosterfragen mitzubestimmen hatte.

Die Domina Elebeck wartete nun nicht das Votum der beiden Bürgermeister ab, wie es dem Brauch entsprochen hätte, und ernannte von sich aus einen neuen Klosterbürger. Das war ein glatter Verfassungsbruch, und der Rat reagierte sauer. Beisitzerinnen in der schwesterlichen Kongregation, die einen Kompromiss anstrebten, wurden von der Elebeckschen einfach abgesetzt und durch linientreue Damen ersetzt. Auch das war nicht die feine englische Art, auf die sich Hamburg so viel zugute hielt. Als die Domina merkte, dass sich der Rat das alles gefallen ließ und außer Palavern nichts zu bieten hatte, wurde sie noch mutiger und legte sich mit dem Staat direkt an – ein wohl einmaliger Vorgang in Hamburgs Klostergeschichte.

Der Hebel zu diesem Staatsstreich war ein Magazin in den Klostergewölben, in dem die Hamburger Artillerie seit mehr als einem Jahrhundert Kanonen und Munition lagerte, um sie für den Ernstfall schnell zur Hand zu haben. Als nun die Vertreter des Artillerie-Departments am 20. Oktober 1700 zu einer Routinekontrolle in das Arsenal wollten, um die Bestände zu inspizieren, hatte die Domina den Raum mit einem neuen Schloss versehen lassen und weigerte sich beharrlich, den Schlüssel herauszurücken.

Was machte der Hamburger Rat? Er zog wieder den Schwanz ein und machte gar nichts. Das war das falsche Signal; denn jetzt brannten der Domina die letzten Sicherungen durch: Sie bestand nachdrücklich darauf, zur Äbtissin befördert zu werden und als Zeichen ihrer besonderen Würde den Krummstab führen zu dürfen.

Um diese Forderung durchzusetzen, benötigte die Margarethe Elebeck bestimmte Dokumente aus der Klosterlade. Die aber war abgeschlossen und durfte nicht von ihr allein geöffnet werden.

Die Domina erklärte rundheraus, sie werde die Lade aufbrechen. Der Rat war inzwischen aus Erfahrung klug geworden, was damals noch von Zeit zu Zeit vorkam! Er ließ den ganzen Aktenschrank aus dem Kloster abholen und amtlich versiegeln.

Die Elebecksche wurde grantig und wandte sich sogar an den Kaiser mit der Forderung, er solle ihr gefälligst bei der Durchsetzung ihrer Ziele behilflich sein. Der aber dachte nicht daran; denn er war ja katholisch, und das Johannis-Kloster war in der Reformation abtrünnig geworden. Seine Majestät, der das Fingerhakeln im Norden wohl auch ziemlich am kaiserlichen Hintereil vorbeiging, rührte sich nicht. Was also war zu tun?

Der Rat und die Bürgerschaft setzten sich zu einer Krisensitzung zusammen und beschlossen ein Ultimatum. Darin hieß es, die Jungfer Elebeck habe erstens auf ihren Anspruch zu verzichten, Äbtissin mit Krummstab zu werden. Zweitens solle sie gefälligst den Schlüssel zum Artillerie-Magazin herausrücken und drittens schließlich ihr Gesuch an den Kaiser offiziell zurückziehen.

Die Dame erwies sich als äußerst störrisch. Zwar gab sie den Magazinschlüssel zurück, aber in den beiden anderen Punkten blieb sie unnachgiebig oder wie sie selber wohl geglaubt haben mag: standhaft.

Der Streit hatte sich zu einer Verfassungskrise hochgeschaukelt und drohte sogar, eine Staatskrise heraufzubeschwören. Da aber hatte der liebe Gott ganz plötzlich und unerwartet ein Einsehen und sprang den Hamburger Stadtvätern per unergründlichem Ratschluss bei: Die Elebecksche wurde in die Ewigkeit abgerufen und entschwebte dorthin, wohin sich so ein richtiges Klosterfräulein zeitlebens sehnt: ins Jenseits. Ihre Nachfolgerin war eine sehr sanfte Johanniterin namens Anna Oldehorst.

Der Rat, der sicher erleichtert war, die Sache auf so elegante Art vom Tisch zu bekommen, spendierte der Jungfer Elebeck trotz ihrer staatserschütternden Aktionen ein Prunkbegräbnis in einem lilafarbenen Sarg mit Silbertressen und silbernen Löwenfüßen. Das stand ihr nach den Klostersatzungen zu, und der Rat wollte nicht nachtragend sein oder sich sogar noch ins Unrecht setzen.

Immerhin hatten Hamburgs Stadtobere einen gehörigen Schuss vor den Bug ihres männlichen Überlegenheitsanspruchs bekommen: Eine Hanseatin hatte Flagge gezeigt, bis hin zu einem fulminanten Staatsstreich.

15

»In die Schönheit des Alsterbildes harmonisch eingefügt«: Hamburg eröffnet die steinerne Lombardsbrücke

Eine Stadt der Brücken hat man Hamburg genannt. Nicht zu Unrecht. Denn zumindest in diesem Punkt hängt die Hansestadt an der Elbe nicht nur Amsterdam und London, sondern auch Venedig locker ab – zumindest an Quantität, an Schönheit und architektonischer Ästhetik wohl eher weniger.

Die Alster hat an diesem Attribut durchaus ihren Anteil.

Man hat in Hamburg gelegentlich darüber gestritten, welches die populärste Postkartenansicht der Stadt sei. Zwei Perspektiven kamen in die engere Auswahl: Der Blick durch die Rundbögen der Alsterarkaden auf das ehrwürdige Rathaus war die eine, die andere entstand, wenn ein Fotograf sein Objektiv von der Lombardsbrücke aus auf die Innenstadt richtete und dabei möglichst noch einer der Kandelaber – so etwas wie Wahrzeichen der Stadt, von denen Repliken unter anderem in New York und Chicago stehen – im Anschnitt zu sehen ist.

Für den Blick von der Lombardsbrücke spricht jedenfalls, dass er das Panorama auf annähernd die gesamte Silhouette der Innenstadt mit ihren markanten Türmen ermöglicht.

Ein Sommertag des Jahres 1868 war für Hamburg ein großer Tag: Die steinerne Lombardsbrücke wurde zunächst für den Straßenverkehr freigegeben, fünf Monate später auch für den Eisenbahnverkehr.

Sie ist die wohl prominenteste Brücke der Hansestadt. Ihre hölzerne Vorgängerin ist im Zuge der Neubefestigung unserer Stadt in der ersten Hälfte des 17. Jahrhunderts entstanden. Durch sie wurde das bis dahin ungeteilte Alsterbecken in die Binnen- und die Außenalster zerlegt. Die beiden in den Alstersee hineinragenden Wallstücke verbanden die Stadtplaner zunächst mit einer schmalen, hölzernen Klapp- und Zugbrücke. Der Wall selbst war an dieser Stelle mit drei Bastionen gesichert. Außerdem schützte eine zunächst dreifache, dann doppelte Pfahlreihe, der »Alsterbaum«, die Stadt vor Überfällen von Norden her.

Einst haben hier nacheinander mehrere Mühlen gestanden. Die letzte war eine auf vielen Bildern dargestellte Kornmühle an der Ostseite der Brücke. Sie war 1801 abgebrannt und anschließend größer und schöner wiederaufgebaut worden.

Ihren Namen hatte die Lombardsbrücke nach dem Lombard, dem Leihhaus, das dort seit 1651 als schmales, lang gestrecktes Gebäude stand und das 1736 wegen der Zunahme des Leihverkehrs vergrößert worden war. Auch die Holzbrücke am Lombard musste immer wieder erneuert werden; allein schon wegen des verderblichen Materials, aus dem sie gebaut war. Allein im 18. Jahrhundert sind alle zwanzig Jahre Erneuerungen überliefert. Oft, weil schlampig gebaut worden war, oder auch wegen der ständigen Zunahme des Fuhrwerksverkehrs.

Die Lombardsbrücke galt von jeher als romantisches Plätzchen. Der Autor Bärmann reihte die Brücke in die Denkwürdigkeiten der Stadt ein und schrieb: »Von hier aus hat man die Ansicht der Stadt mit ihren sämtlichen, zum Teil ansehnlichen hohen Türmen, des am Alsterufer fortlaufenden Jungfernstiegs, des Badeschiffs und einer Menge größerer und kleinerer Fahrzeuge und Gondeln. Rechts liegt der Böckmannsche Garten, das Comödienhaus, das Wohnhaus nebst Garten des Schauspieldirektors Schröder, der große Bueksche Garten, hinter ihm die beiden hohen Kalköfen an der Dammtorstraße, sowie noch einige Gärten und Wohnhäuser; linker Hand zeigt sich die Rückseite des Zucht- und Werkhauses, das Spinnhaus, der Holzdamm, das Drillhaus nebst einigen anderen Gebäuden und etlichen Gärten.

Nach der Außenalster erblickt man die romantischen Gegenden, Alleen und Gärten vor dem Dammtor, darunter die so genannte Alte Rabe. In der Ferne ragt die Spitze des Kirchturms zu Eppendorf hervor. Gegenüber am rechten Ufer der Alster liegt die Vorstadt St. Georg, weiterhin die Mundsburg, der Schlachterhof, die Uhlenhorst und in der Ferne der Wandsbecker Kirchturm; ferner zu beiden Seiten Landhäuser, eine unzählige Menge Felder und Wiesen sowie einige Mühlen.«

Im Jahr 1860 brach für Hamburg verkehrstechnisch eine neue Zeit an: Die »Verbindungsbahn« schloss die Verkehrslücke zwischen Hamburg und

Altona. 1866 dampften die ersten Züge über eine provisorische Jochbrücke, die man über die Alster geschlagen hatte.

Inzwischen hatte sich der Bauinspektor Maack an die Arbeit gemacht, die steinerne Lombardsbrücke, wie wir sie heute kennen, zu entwerfen. Die »Hamburger Technischen Nachrichten« lobten die Kompetenz des Bauinspektors: »Er hatte schon die Alsterschleuse und Schleusenbrücke sowie die Reesendammbrücke und mehrere Brücken über die Fleete der Stadt gebaut; seine schönste Leistung aber war die Lombardsbrücke, bei deren Korbbogenanordnung seine Begabung als feinsinniger Baukünstler besonders hervortrat. Er war es, der die Brücke symmetrisch in der Mitte der Gesamtanlage anordnete, wie ihm auch die geräumigen Weiten der drei Brückendurchfahrten zu verdanken sind.«

Bauinspektor Maack hat die Einweihung seines überzeugendsten Brückenbauwerks nicht mehr erlebt: Er starb, neun Wochen bevor die ersten Pferdebahnen und Privatkutschen 1869 über die Lombardsbrücke rumpelten.

Was in der kritischen und gelegentlich von Nörglern bevölkerten Stadt selten vorkam: Bei der Lombardsbrücke gab es einen erstaunlichen Konsens hinsichtlich der Schönheit des neuen Wahrzeichens, und Wilhelm Melhop lobte überschwänglich noch 1932 »die zierlichen Lichtbögen auf den Pfeilerköpfen mit ihren musizierenden Putten, ferner die bezeichnenden, am Brückenbauwerk häufig wiederkehrenden Sinnbilder: Alsterschwan, Elbdelphin, Anker,

Merkurstab und Hamburger Wappen«. Letztere sind übrigens sämtlich Werke des Hamburger Bildhauers Carl Börner.

Am Beginn des 20. Jahrhunderts hatte die Lombardsbrücke verbreitert werden müssen, weil die Reichsbahnverwaltung den Gleiskörper auf vier Gleisstränge erweitern wollte.

16

Eindringliche Mahnungen von oben: »Befremdliche Himmelszeichen« über der Alster

Die Alster war immer gut für manch eine Vorstellung, selbst gemachte und solche, die vom lieben Gott kamen. Sichtbare Himmelszeichen zum Beispiel. Dann stritt sich Hamburgs Volk um die besten Plätze am Alsterufer, weil dort die Sicht auf den Himmel durch keinen der eng aneinander geschmiegten Häusergiebel der alten Stadt behindert wurde.

Nun waren seltsame Himmelserscheinungen keineswegs nur Ereignisse von hohem Unterhaltungswert. Es gab im alten Hamburg immer auch Leute, die vorgaben, solche Zeichen deuten zu können, und das machten sich diejenigen zunutze, die immer und zu allen Zeiten den Glauben in Gefahr sahen.

Natürlich lauschten unsere hanseatischen Urgroßväter auf das, was ihnen der Herr Pastor (sie betonten stets die zweite Silbe) am Sonntagmorgen von der Kanzel herunter über Himmel und Erde zu erzählen wusste. Sie waren auch ganz passable Kirchgänger. Und wenn sich einmal Gleichgültigkeit einzuschleichen drohte, etwa weil der ewige Disput der Geistlichkeit über alte Dogmen und neue Formeln die Leute zu langweilen begann, dann waren immer gleich eifrige Bürgersleute zur Stelle, allen voran drei Herren namens Hudtwalcker, Wichern und Sieveking, die das Werk der religiösen Erneuerung mit Leidenschaft und Inbrunst betrieben.

Allerdings: Mehr noch als auf den Glauben, so lassen uns die Chroniken-Schreiber des 17. und 18. Jahrhunderts vermuten, setzten viele unserer hanseatischen Urgroßeltern auf den Aberglauben. Wobei vermutlich nicht einmal die hohe Geistlichkeit die Grenze zwischen dem einen und dem anderen zog. Manch eine »befremdliche Erscheinung« in der Natur ließ sich ja ganz gut nutzen, um den Schäfchen einen gehörigen Schrecken einzujagen. Und das war allemal eine gute Basis, die Menschen zum eifrigen Kirchgang anzuregen. Der Sozialhistoriker Ernst Finder lässt uns wissen, wie der Glaube an Werwölfe und Basilisken – Schlangenungeheuer, die allein schon durch ihren Blick töten können – noch im 17. Jahrhundert unerschüttert gewesen sein soll.

Obwohl niemand zwischen Alster und Elbe jemals einen leibhaftigen Werwolf zu Gesicht bekommen hatte und man die gefährlichen Kreaturen eigentlich nur vom Hörensagen kannte, war der Aberglaube an sie nicht auszurotten. So war es sicher nahe liegend, dass sich die Menschen bei der Deutung sichtbarer Himmelszeichen und durch sie angekündigten Unheils leicht auf Abwege bringen ließen.

An solchen Himmelszeichen, deren Erscheinen sich wie ein Lauffeuer in der Stadt herumsprach und die zu beobachten die Menschen ans Alsterufer strömten, herrschte kein Mangel. Chronisten berichten von plötzlich auftauchenden Kometen und Feuerkugeln, von Nebensonnen und von herabfallenden Wurmschauern, von Blut- und Schwefelregen.

Einer schrieb, am 1. September 1600 morgens um sieben Uhr »sähe man über der Stadt Hamburg feurige und blutige Gesichter am dem Himmel, so von jedermann mit Schrecken angeschauet ...«

Ein anderer berichtet von einer im August 1654 eingetretenen »grausam großen Finsterniß, dass die liebe Sonne fast ganz schwartz schien«. Drei Stunden habe das an der Alster besonders gut zu sehende Spektakel gedauert. Und weiter habe er beobachtet, »von dieser Finsterniß machten alle Astrologi viel Redenß, dadurch dem gemeinen Manne große Furcht eingejagt und waren in der Meinung, die Welt würde dabei untergehen«.

Wegen dieser Himmelserscheinung hatten die Kirchen einen unerwarteten Zulauf und – so wörtlich – »waren demnach des Sonntags eine große Menge Leute Communicanten«.

Auch Peter Hesselius zitiert einen Fall, der die Gemüter erschütterte: »Es sahen in diesem Monat (April 1670) einige Leute bei Hamburg eines Morgens früh um vier Uhr am Firmament über der Alster gegen Aufgang der Sonnen ein Kreuz und Procession in solcher Gestalt, wie unser Erlöser Christus mit einem Gefolge von Leuten zu seiner Kreuzigung gegangen, hieraus wurden nachgehends zwei große Kugeln und aus diesen zwei Kriegsheere, die gleichsam aufeinander losgingen.«

Die Kirchenleute wussten die bei solchen Gelegenheiten aufkommende Hysterie für ihre Zwecke zu nutzen. Selbst der wortgewaltige und streitbare Pastor Schuppius fiel in den Chor ein und erschreckte das Publikum mit der Behauptung: »Es ist niemals ein Comet am Himmel gestanden, der nicht ein sonderliches Unglück bedeutet hat.«

Der Komet, der als »Stern von Bethlehem« Kirchengeschichte geschrieben hat, kam dem guten Schuppius wohl nicht als solcher in den Sinn.

17

Neptuns Gang über das Alsterwasser: Wie sensationsgierige Hamburger hereingelegt wurden

Die Alster war zu allen Zeiten gut für Schaustellungen jeder Art, nicht nur für die am Himmel. Auch Hausgemachtes wurde gern genommen.

Für einen Sommertag des Jahres 1794 hatte ein wackerer Schuster namens Jägermann dem Publikum Unerhörtes versprochen: Der unermüdlich nach Höherem strebende Mann hatte überall in der Stadt verbreiten lassen, er wolle in der Gestalt des Wassergottes Neptun auf der Außenalster umherwandeln.

Mit solchen Versprechungen traf der Herr Jägermann mitten ins Zentrum des sonst eher auf Handelsgeschäfte ausgerichteten Interesses unserer Hamburger. Zumal die ja wussten, dass so etwas irgendwann um das Jahr null herum schon mal funktioniert hatte. Sie wollten auf jeden Fall dabei sein. Entweder um Zeitzeuge zu sein, wenn etwas Wunderbares geschah, oder um hinterher wenigstens sagen zu können, sie seien dabei gewesen, falls etwas danebenging und sich jemand blamierte.

Der Herr Jägermann war ein pfiffiger Geschäftsmann. Er befriedigte die erste Neugier der Hamburger nach seiner »Technik« mit dem Hinweis, er habe spezielle Wunderschuhe erfunden, die ihm den Spaziergang über die Außenalster ermöglichen würden, und er beeilte sich hinzuzufügen, dass er gegen angemessene Vorkasse das Volk an seinem unerhörten Kunststück teilhaben lassen wolle.

Schon vor dem angekündigten Termin pilgerten die Hamburger zum Haus des Schusters und wunderten sich über die bescheidene Hütte, in der so ein Genie wohnte. Aber er tönte selbstbewusst, auch ein großer Geist könne schließlich in einer kleinen Behausung wohnen. Dann ließ er sein Publikum die Wunderschuhe bestaunen und kassierte dafür von jedem zwei Schillinge. Da kam ein hübsches Sümmchen zusammen.

Wer nicht kam, war der Herr Jägermann, der die angekündigten Termine immer wieder platzen ließ. Die Chronik berichtet, das Volk sei schließlich dem Mann »ernstlich zu Leibe gegangen« und habe ihn auf diese Weise massiv gezwungen, das versprochene Kunststück abzuliefern.

Am 4. September duldete die Sache keinen weiteren Tag Aufschub mehr, es sei denn, der Schuster hätte sich verprügeln lassen wollen. »Blaß wie ein Geist«, heißt es, sei er bei der Uhlenhorst auf ein Schiff geklettert und von dort mit seinen Wunderschuhen aufs Wasser. Auf dem hatte er sich aber nur für Bruchteile von Sekunden gehalten, um dann unter den Beschimpfungen Tausender Zuschauer ins Alsterwasser zu plumpsen.

In diesem Augenblick, spätestens, wurde den Hamburgern klar, dass ihre gute Alster beileibe kein See Genezareth ist. Da wurden sie erst richtig wütend und wollten den armen Schuster, den ein paar Constabler aus dem Wasser gezogen hatten, erst steinigen und dann köpfen, was im Mittelalter ihre Lieblingsbeschäftigung gewesen sein soll. Das aber wusste die Obrigkeit zu verhindern. Sie nahm den um sein Leben zitternden Schuster in einem der Stadtwallhäuser in Schutzhaft. Am nächsten Morgen brachte man den Mann, durch eine angemessene Verpackung unkenntlich gemacht, zur Wache am Großneumarkt, weil dieser Standort der Obrigkeit sicherer zu sein schien.

Erst ein paar Tage später, als Gras über den Fall, oder doch wohl besser: Reinfall, gewachsen war und sich die Volksseele wieder beruhigt hatte, wurde der Mann »mit einem scharfen Verweis« entlassen. Immerhin war der Schuster durch seinen zweifelhaften Auftritt so prominent geworden, dass er dem »Hamburger Taschenkalender auf das Jahr 1795« sogar eine Eintragung wert war.

18

Hungrig auf dem Pfad der Tugend: Ein Zuchthaus für »betrüglich handelnde Arme«

Nicht alle Missetäter genossen das Privileg, von den Ordnungshütern der Stadt beschützt zu werden, wie es dem Schuster mit den Wunderschuhen zuteil geworden war. Die meisten landeten im »Spinnhaus«, dessen Standort an der Westseite der Binnenalster just dort war, wo man eine passable Aussicht auf den See hatte. Nur dass diejenigen, die es getroffen hatte – zu Recht oder Unrecht macht in der Sache selbst keinen Unterschied – diese Aussicht kaum genießen konnten.

In das Spinnhaus brachte man nach den Satzungen der Armen-Ordnung unter anderem Leute, die wegen wiederholter Bettelei aufgegriffen worden waren, und wenn der »Staupenschlag«, also die gehörige Prügelstrafe mit anschließendem Verweis aus der Stadt, nichts gefruchtet hatte.

»Träge, widerspenstige und betrüglich handelnde Arme«, notierte Werner von Melle vor 130 Jahren, »wurden in's Zuchthaus verwiesen, wo man sie, wenn es nicht anders ging, durch Wasser und Brot, Einsperrung in die Koje und andere Zwangsmittel zu bessern suchte.«

Erst mal aber musste man die Leute ja erwischen! Für diesen Zweck beschäftigte Hamburg ein ganzes

Heer von Armenvögten, die durch die Straßen patrouillierten und bettelndes Volk aufgriffen. Solche Verhaftungen waren jedoch reine Zufallstreffer; denn mehr als ein Drittel der Hamburger Bevölkerung verfügte noch in der zweiten Hälfte des 18. Jahrhunderts nicht einmal über das ohnehin karge Existenzminimum. Den Leuten blieb gar nichts anderes, als sich mit welchen Mitteln auch immer irgendwie durchzuschlagen.

1669 war deshalb das Spinnhaus eingerichtet worden. Das war nun aber keineswegs nur eine Verwahranstalt für Leute mit »liederlicher Lebensweise«. Es war zugleich auch eine Entbindungsanstalt für Insassinnen des Werk- und Zuchthauses. So saßen im Spinnhaus überwiegend Frauen, die hier durch harte Arbeit geläutert und auf den Pfad der Tugend gebracht werden sollten. Zu erreichen war dies nach fester Überzeugung der Obrigkeit durch Weben, Wollekratzen und Spinnen. Das war das Arbeitsprogramm, das hier vierzehn Stunden lang täglich in strenger Disziplin bewältigt werden musste.

Wer im Spinnhaus nicht arbeiten wollte oder wer auf andere Weise Aufmüpfigkeit an den Tag legte, für den gab es ein fein abgestimmtes System von Strafen – bis hin zur Einzelhaft in der »Koje« und dem gefürchteten Halseisen.

Die bemerkenswerteste Strafe jedoch wurde in einem Korb vollzogen. Ein englischer Kupferstecher hat die »Bestrafung der Arbeitsscheuen im Hamburger Armenhaus« in der zweiten Hälfte des 18. Jahrhunderts ins Bild gesetzt und die Szene in einen kunstvollen Barockrahmen gestellt. Auf dem Kupferstich wird der Delinquent, der die geforderte Arbeitsleistung nicht bringen konnte oder wollte, in einen Korb gesetzt, den ein Spinnhauswärter über eine in die Holzdecke eingelassene Öse in die Höhe zog, damit der Verurteilte über einer gedeckten Tafel schwebte. Von dort oben durfte der arme Delinquent, wenn er Pech hatte, tagelang herunterschauen und zugucken, wie die anderen ihre Wassersuppe und die Hülsenfrüchte mit Kartoffeln herunterquosten. Das war zwar auch kein reines Vergnügen, aber es war immer noch besser, als im Korb zu sitzen und gar nichts zu bekommen.

Hungern war angesagt. Das hätten die erbärmlichen Existenzen auch in Freiheit haben können!

Auf die Idee, eine solche Strafe für unwürdig zu halten, kam im alten Hamburg niemand.

Im Gegenteil.

Als eindringliche Warnung, dass alles sogar noch schlimmer kommen könnte, hing hinter dem Stuhl des Aufsehers am Kopfende des Tisches eine furchteinflößende Peitsche. Armut – das war aus der Sicht unserer hanseatischen Urgroßväter eine Art Charakterfehler, mindestens aber etwas Selbstverschuldetes, das man den Leuten mit drakonischen Mitteln gehörig austreiben musste.

Wer genug Prügel bekommen hatte, der war zwar immer noch arm. Reicher war er nur um eine bittere Erfahrung.

Auch das musste unsere gute alte Alster in ihrer unmittelbaren Nachbarschaft ertragen. Sie nahm es gleichmütig zur Kenntnis und kräuselte allenfalls ihre

Oberfläche ein bisschen, ganz so, als wollte sich ihre Stirn nachdenklich in Falten legen.

19

Bühne für eine technische Demonstration: Ein Riesenvogel landet auf der Außenalster

Der Name ist Programm, und das mit einem deutlichen Aufforderungscharakter: »Alsterlust« – das klingt nach feuchtfröhlicher Freizeitgestaltung, nach hanseatischer Bierseligkeit in einem Gartenlokal mit Alsterblick.

Irrtum!

Tatsächlich war die »Alsterlust« Hamburgs beliebteste Badeanstalt.

Allerdings nicht die erste. Das erste offizielle Freibad hatte Hamburg mit dem 1793 von der verdienstvollen Patriotischen Gesellschaft installierten Badeschiff auf der Binnenalster bekommen. Bis 1845 war dieses Schiff auf der Binnenalster sechzig Meter vom Jungfernstieg entfernt fest verankert. Dann aber tobte über Hamburg ein furchtbarer Sturm. Das Badeschiff riss sich los und havarierte irreparabel.

Sein damaliger Inhaber, ein G. H. C. Donner, ließ sich durch den Verlust nicht entmutigen. Er baute ein neues Freibad an der Lombardsbrücke. Das Schwimmbecken hatte die stattliche Größe von neunhundert Quadratmetern, aber schon 1847 musste es auf 1150 Quadratmeter erweitert werden, weil sich die

Hamburger darum rissen, sich im einstweilen noch kristallklaren Alsterwasser abzukühlen.

Natürlich war die Badeanstalt in Abteilungen für Frauen und Männer aufgeteilt. Das galt auch für die aus ihr 1888 hervorgegangene »Alsterlust«. Obwohl sich die Lust daran in überschaubaren Grenzen gehalten haben dürfte: Denn es gab jetzt zwei Schwimmbecken, sodass die prüde wilhelminische Gesellschaft Männlein und Weiblein schön auseinanderhalten konnte. Dazu hatte die »Alsterlust« noch eine in die Außenalster hineinragende Plattform mit stattlichen Wirtschaftsgebäuden.

Auch sonst war die Alster ein beliebtes Baderevier. »Lonys Badeanstalt«, 1849 im Feenteich als reines Frauenbad eröffnet, zwanzig Jahre später auch für Männer freigegeben und an die Straße Fernsicht verlegt, wurde die Badeanstalt allerdings 1897 von der zunehmenden Bebauung auf der Uhlenhorster Seite verdrängt und schließlich abgebrochen.

Überaus beliebt war auch eine zunächst ausschließlich »für Männer und Knaben« zugelassene Badeanstalt am Schwanenwik, deren eigentlicher Badeplatz an einer mit Baggersand aufgeschütteten Insel lag.

Außerhalb der dafür vorgesehenen offiziellen Einrichtungen war das Baden in der Alster verboten. Nicht, weil die Wasserqualität zunehmend zu wünschen übrig ließ, sondern aus »sittlichen Erwägungen«. Dabei hatten die Junghanseaten und ihre Angebeteten längst herausgefunden, dass man sich in einem Ruderboot auf einem der Alsterkanäle, wo die weit über das Ufer hinaus herunterhängenden Trauerweiden ineinanderverschlungene Liebespaare vor Blicken schützten, viel intensiver vergnügen konnte, als dies in einer der ohnehin gut bewachten Badeanstalten jemals möglich gewesen wäre.

Dennoch gehörten die Alster-Badeanstalten bis weit in die Weimarer Zeit hinein zum Stadtbild, allen voran die »Alsterlust«, die eine unbestrittene Starrolle spielte.

Im Sommer 1932 stand sie im Mittelpunkt eines Ereignisses, das Hamburg in Atem hielt: Das damals größte Wasserflugzeug der Welt, Dorniers legendäre »DoX«, landete im Rahmen einer Goodwill- und Werbetour auf der Außenalster und nutzte die alte Badeanstalt als Pier, wo sie ohne Schwierigkeiten andockte.

Die Fortschrittsgläubigkeit der Elbhanseaten bekam durch die Landung des Giganten auf ihrem Alstersee neuen Auftrieb. Tausende Schaulustige drängten auf die Lombardsbrücke und auf das umliegende Ufer der Außenalster, und kaum ein Gast des »Hotels Atlantic«, der nicht einen Fensterplatz zu ergattern versuchte, von dem aus er das Spektakel der »DoX«-Landung beobachten konnte.

Die Menschen staunten angesichts der gigantischen Ausmaße des 56 Tonnen schweren Riesenvogels. Das Flugzeug war vierzig Meter lang, zehn Meter hoch und hatte eine für die damalige Zeit sensationelle Spannweite von 48 Metern.

Nie zuvor hatte die Außenalster auf diese Weise im Mittelpunkt des Interesses gestanden! Die Hamburger berauschten sich an der Vorstellung, dass ihre Stadt im

Luftverkehr zumindest als Landeplatz eine wichtige Rolle spielte.

Als die »DoX« mit ihren zwölf Motoren nach einigen Stunden des Bestauntwerdens abhob und im grau verhangenen Hamburger Himmel verschwand, ging mit ihr die Fantasie der Menschen zwischen Alster und Elbe auf Höhenflüge. Die abenteuerlichen Atlantiküberquerungen mit einer Geschwindigkeit von 170 Kilometern in der Stunde, über die auch Hamburgs Zeitungen ausführlich berichteten, wurden von dem Superflugzeug zwar nicht ohne Schwierigkeiten, aber letztlich immerhin überzeugend bewältigt.

An diesem Augusttag 1932 erlebten viele Hamburger ihre Alster als Bühne für ein kleines Weltereignis. Und sie sonnten sich in dem Bewusstsein, dass der als Edelstein gepriesene schönste See inmitten einer Stadt sich auch als Empfangsplatz für ein technisches Wunder bewährt hatte.

20

Von »Elbhanseaten« und »Alstermenschen«: Über das Selbstverständnis der Hamburger

»Unsere Lebensader« oder gravitätischer: »unseren Schicksalsfluss« nennen Hamburgs Literaten die Elbe. Die Schiffer und Kaufleute, die der Elbe ihren Wohlstand und ihrer Stadt den Aufstieg in die Liga der Welthafenstädte verdanken, haben lautstark in das Lied eingestimmt. »Der Elbe Schiffahrt macht uns reicher«, ist ihnen der bereits zitierte Friedrich von Hagedorn reimend zur Seite gesprungen; denn »durch jene füllen sich die Speicher«.

Wohl wahr.

Auf diesem Ohr hören die Kaufleute besonders gut. Und da ihre praktische Philosophie auf der hanseatischen Erkenntnis basiert »Geld is tweemol tellen wert«, wird man durchaus eine Verbindung herstellen dürfen zwischen dem Wohlstand der Stadt und des Handelsmanns gewinnbringendem Lieblingsfluss.

Dennoch werden wir uns nicht um die Erkenntnis herummogeln können, dass die viel zitierten »Elbhanseaten« bei Licht betrachtet »Alstermenschen« sind. Sogar Hamburgs erster Hafen – zugegebenermaßen ein recht bescheidener Umschlagplatz – war ein Alsterhafen.

An die in der ersten Hälfte des neunten Jahrhunderts entstandene Hammaburg, ein aus Holz und Erde aufgeschichtetes Palisaden-Bauwerk, nicht größer als 130 Meter im Quadrat, hatte sich nach und nach eine kleine Fischer-, Handwerker- und Händlersiedlung angegliedert. Zu dieser als Wik bezeichneten Siedlung gehörte auch ein bescheidenes, etwa fünfzehn Meter breites Gewässer, das spätere Reichenstraßenfleet.

Reinhard Schindler hat uns eine anschauliche Beschreibung des ersten Schiffsanlegers gegeben, den Hamburg hier gebaut hatte: »Starke Faschinen sicherten das sumpfige Erdreich in der Uferzone des Hafenfleets. Später, als es der Schiffsverkehr erforderte, ging man zur Anlage einer festen Landebrücke über. Sie bestand aus reihenweise und parallel zum Ufer geschichteten unbehauenen Baumstämmen, die zum Wasser hin gegen Abrutschgefahr verpflockt waren ... In Burgnähe erleichterte eine aus Baumstämmen gebaute Treppe den Zugang zur feuchten, hochwassergefährdeten Hafenbrücke. Sie leitete zu einem Hohlweg über, der zum Burgtor hinaufführte. Die Treppenstufen und der zum Fleetufer führende Weg waren mit Grand und Holzkohlen ausgeschüttet. Damit sollte der feuchte Untergrund begehbar gemacht werden. Den Funden nach ist die Anlage zu Ansgars Zeiten entstanden. Sie diente der Bequemlichkeit des Bischofs und seiner Getreuen, wenn sie für ihre Reisen außer Landes Schiffe benutzten.«

Aber das war natürlich nur ein willkommener Nebenzweck. In erster Linie diente die Anlage den frühen Handels- und Schiffahrtsinteressen »Hamma-burgs«.

Die Hamburger Kaufleute unterhielten schon damals Handelsbeziehungen mit dem Rheinland und der friesischen Region. Wein, Tongefäße und Mühlsteine, im Export möglicherweise auch Getreide, waren im neunten Jahrhundert die gängigen Handelsgüter. Hamburg genoss schon damals das kaiserliche Privileg, einen Markt abhalten und auf Handelsgüter Zoll erheben zu dürfen. Dies beweist, dass der Ort schon bald nach seiner Gründung im Rahmen der gegebenen Möglichkeiten wirtschaftlich erfolgreich war.

Voilà, Ihr Elbhanseaten und Ihr an der Elbchaussee sesshaften Bürgersleute, die Ihr Euch für den Nabel unserer Stadtgöttin Hammonia haltet, Ihr müsst ganz tapfer sein und zur Kenntnis nehmen, dass die Alsterleute die älteren Rechte geltend machen können! Nicht nur an Hamburgs erstem Hafen, sondern auch an der Sicherung unserer Stadt.

Als die kleine Wiksiedlung am Reichenstraßenfleet nach dem Jahr 850 ihre erste große Aufschwungphase erlebte, musste der Hafen erweitert und mit festen Lagerhäusern ausgestattet werden.

Die Kaufleute kamen zu ansehnlichem Wohlstand – daher der spätere respektvoll gemeinte Name »Reichenstraße«.

Wohlstand weckte Begehrlichkeit. Eine Zeit lang aber durfte sich Hamburg noch sicher fühlen. Als Nordalbingien in das Fränkische Reich eingegliedert worden war, hatte man etwa vierzig Kilometer östlich Hamburgs einen »Limes Saxoniae« gezogen, der das

Reich gegen die slawischen Obotriten abgrenzte. Auf die Dauer aber konnte das nicht gut gehen. Zwischen 915 und 1066 kamen abwechselnd die Slawen und die Obotriten, um die junge Hafenstadt gründlich zu zerstören. Die aber erholte sich immer wieder erstaunlich schnell. Mit jedem Wiederaufbau wuchs das Selbstbewusstsein der weltlichen Machthaber, die sich lange Zeit mit ihren bischöflichen Konkurrenten gut vertragen hatten. Dann nahmen die Rivalitäten ernstere Formen an, und beide Seiten setzten weithin sichtbare und für den anderen wohl auch bedrohliche Zeichen ihres Machtanspruchs.

Als weltliche Herren hatten inzwischen die mit der Grenzsicherung gegen die Slawen beauftragten Billunger die fränkischen Grafen abgelöst. Bernhard II. war der unter anderem über Holstein, Stormarn und Hamburg herrschende Herzog mit Grafengewalt. Seinem Einfluss entzogen war nur der Immunitätsbereich um den Dom, in dem die in Bremen residierenden Erzbischöfe das Sagen hatten.

Ein Ausdruck für die Rivalität zwischen den beiden Mächten mag die Reaktion Bernhards auf den Bau des Bischofsturms gewesen sein: Etwa an der Stelle des heutigen Rathauses ließ er sich als weithin sichtbaren Beweis seines Herrschaftsanspruchs die bereits erwähnte rechteckige »Hofburg« errichten. Diese »Alsterburg« aber war dem Nachfolger Bernhards II. zu wenig. Im Zuge der sich zuspitzenden Feindschaft mit Adalbert, dem bedeutendsten der Erzbischöfe, der als Mann von feiner Lebensart den grobschlächtigen Provinzfürsten nicht mochte, und angesichts einer zunehmenden Unruhe an der Slawengrenze ließ er eine zweite Burg bauen. Als Baugrund wählte er dafür das Sumpfgelände am gegenüberliegenden Alsterufer unterhalb der Alsterburg seines Vorgängers. Diese »Neue Burg«, an die noch heute ein Straßenname an der Ruine der Nikolaikirche erinnert, war als Ringwall angelegt und dürfte allen militärischen Angriffen standgehalten haben, während die übrige Stadt den Slawenüberfällen von 1066 und 1072 zum Opfer fiel.

Erst gegen Ende des 11. Jahrhunderts verbesserten sich die Beziehungen zwischen den Slawen und den Billungerherzögen, und damit reduzierte sich für Hamburg die Gefahr von Überfällen. Allerdings zogen sich die Billunger aus ihrem Burgort Hamburg zurück und setzten Grafen als Vasallen ein, die für sie die Herrschaftsrechte und -pflichten wahrnahmen. Als im Jahr 1110 der Graf Gottfried von Hamburg erschlagen wurde, weil er eine Räuberbande im Holsteinischen verfolgt hatte, gingen die Grafschaftsrechte wegen fehlenden Nachwuchses auf Adolf von Schauenburg über.

Durch die Schauenburger sollte Hamburg in eine ungeahnte Blütezeit geführt werden.

Damit erst beginnt in den Augen vieler Hamburger »richtige« Hafengeschichte. Der Schauenburger Graf Adolf III. erkannte, dass die Entwicklungsmöglichkeiten der alten Wiksiedlung auf der Geest angesichts der neuen auf sie zukommenden Aufgaben begrenzt waren. Er gründete die gräfliche Neustadt als Konkurrenz zur bischöflichen Altstadt mit ihrem

Domkapitel, und Hamburg mutierte vom Alsterhafen zum Elbehafen.

Seine Geschichte begann 1189 – das Jahr, das als Bezugsjahr für den alljährlich mit großem Aufwand zelebrierten Hafengeburtstag gilt.

Die Stadt darf sich von Zeit zu Zeit daran erinnern, dass ihre Hafengeschichte eine Vorgeschichte hat.

Und deren Wiege schaukelte an der Alster!

21

Kaffeeklatsch im »Kachelofen«: Ein Etablissement mit origineller Bedienung

Das 20. Jahrhundert war noch ganz jung, und der Januar war gerade einmal zwanzig Tage alt, als es sich in einem neuen Alsterpavillon dreihundert geladene Gäste des Vereins für Kunst und Wissenschaft bei Ochsenfilet, Käsestangen und schwerem Rotwein gut gehen ließen. Sie feierten die Wiedereröffnung einer Hamburger Institution, die einhundert Jahre zuvor als kleines hölzernes Café ihre Pforten geöffnet und ihr Gesicht inzwischen mehrfach verändert hatte.

Dreimal war der Alsterpavillon abgebrochen und wiederaufgebaut worden. Der Neubau mit seinen glasierten Steinen und den polierten Granitsäulen war das vierte Haus, und seine architektonische Gestaltung war in Hamburg höchst umstritten. Ein »Kabinettstückchen moderner Baukunst« nannten es die Wohlwollenden. Die anderen – und das waren die meisten – sprachen verächtlich vom »Kachelofen«.

Der frühere Hamburger Oberbaurat Wilhelm Melhop urteilte über den Neuzugang der Hamburger Bausünden: »Ihm fehlte völlig die Eigenart eines zierlichen, geräumigen und luftigen Kaffeehauses, wie man es von dem alten Hallerschen Pavillon gewohnt war, der deshalb von den Hamburgern schmerzlich vermisst wurde.«

»Soll dieser Kasten wirklich Alsterpavillon genannt werden?«, fragte ein Kritiker. »Wünscht man Reminiszenzen, so nenne man das Gebäude die Alsterhalle. Fremde werden vergeblich nach dem zierlichen und lustigen Alsterpavillon suchen.«

Großartig war er sicher nicht, aber groß. Der Bau mit seinen palmengeschmückten Veranden fasste dreimal so viele Besucher wie das alte Haus.

Um die Architekturleistung entbrannte im »Hamburger Fremdenblatt« ein heftiger Leserbriefstreit, der allerdings dem Besucherzuspruch durchaus förderlich war.

Viele Hamburger, die sonntags auf dem Jungfernstieg promenierten und die Aussicht auf die Alster bei Kaffee und Kuchen bis dahin nur ab und zu genossen hatten, wurden trotz der architektonischen Fehlleistung treue Stammgäste. Sie lasen in Zeitungen, was in der Welt passierte, sie erregten sich kollektiv, als der Kaffeepreis von 25 auf 30 Pfennig hochkochte, und sie ließen sich dennoch eine der nummerierten Tassen mit Kirsch- und Blattschmuck reservieren. Das war der geniale Verkaufstrick des Gastronomen, und der war wohl selbst erstaunt, dass die Sache funktionierte: Zwei Jahre später benutzten schon mehr als zweitausend Gäste ihre eigene, stets für sie bereitstehende Tasse.

Viele der jüngeren Gäste waren Sportler. Am Nachmittag hielten sie ihre Tische am Seiteneingang oder in den Nischen besetzt und plauderten über Tennis und Rudern, das die Außenalster inzwischen erobert hatte. Rudern war »very british«, und das kam in

Hamburg an. Im Sommer trugen die Herren helle Strohhüte mit bunten Stoffbändern in ihren Vereinsfarben und achteten peinlich genau darauf, dass die Exklusivität ihrer Runde gewahrt blieb. Im Winter versammelten sie sich im Billardzimmer und gingen ihren sportlichen Ambitionen mit dem Queue nach. Und manchmal hatten sie Spaß daran, sich mit den genervten Kellnern über die Anzahl der verzehrten Kuchenstücke herumzustreiten.

Für einige Zeitzeugen waren die Kellner die größte Sehenswürdigkeit im Alsterpavillon, ungefähr so angestaunt wie die im Gehrock herumstolzierenden Verkäufer bei Fortnum & Mason in London. »Was mir in dem neuen Alsterpavillon am meisten imponiert, sind die Schnurrbärte der Kellner«, schrieb ein Chronist. »Die Spitzen dieser Schnurrbärte ragen so mächtig empor, dass man sich wundern muss, dass die Besitzer dieser aufwärts strebenden Bärte sich nicht die Augen davon ausstechen; denn die Enden streben wie zwei riesige Zinken empor.«

Besonders beliebt war der Palmenhain des Pavillons. Hier, wo in der französischen Besetzung Hamburgs napoleonische Offiziere über die Kriegsaussichten parliert hatten oder Heinrich Heine den Damen mit Muße auf die Rundungen geblickt hatte, versammelten sich um die Jahrhundertwende nicht nur Hamburger, sondern auch Reisende aus aller Welt. »Sie haben schon viele Plätze auf der Erde gesehen. Doch über die Eigenart der Hanseaten, zerbröselte Küchenreste auszustreuen, sind sie immer wieder erstaunt«, schrieb ein Journalist, der sie beim Taubenfüttern beobachtet hatte. »Gegen die Tauben des Alsterpavillon-Pächters Heinze sind die am Markusplatz in Venedig ein Nichts, ist die Taubenmoschee in Konstantinopel eine kümmerliche Imitation.«

Hamburg stand inzwischen als Weltstadt da. Innerhalb von zehn Jahren war die Bevölkerung von 770.000 auf über eine Million angewachsen. Und wieder einmal schien der Alsterpavillon zu klein geraten zu sein. Dreizehn Jahre nach dem Bau des vierten Kaffeehauses an dieser Stelle war der fünfte Pavillon auf den Reißbrett schon fertig. Zur Abschiedsfeier des »Kachelofens« kamen die Hamburger herbeigeströmt. »Ein unheimliches Gedränge entstand in den einzelnen Räumen«, schrieb ein Reporter, »in die frohen Weisen der Kapelle mischten sich die Volkslieder vom Scheiden, das weh tut, und von dem stillen Haus, aus dem man betrübt hinauszieht. Der feuchtfröhliche Abschied dehnte sich bis in die frühen Morgenstunden aus.«

22

Die zündende Idee eines Vicomte: Eine »würdige Stätte« gegen weibliche Eitelkeit

Die kurze und nicht sehr rühmliche Geschichte des »Kachelofens« hatte eine lange Vorgeschichte. Ein Franzose mit einem bombastischen Namen hatte die Idee für ein Kaffeehaus nach Hamburg eingeschleppt, bevor solche Häuser auf dem Kontinent en vogue wurden: Am 19. April 1799 schloss der Vicomte Augustin Lanclot de Quatre Barbes mit der Hansestadt Hamburg einen Pachtvertrag über die Bewirtschaftung eines noch zu bauenden Kaffeehauses am Alsterbassin. Die Baukosten für das Haus verpflichtete sich der Franzose zu übernehmen, die Laufzeit des Vertrages war auf 25 Jahre festgelegt. Sechshundert Mark Hamburger Courant betrug der Pachtzins – eine auch für einen guten Standort stolze Summe.

Den Standort aber hatte der Vicomte gut gewählt. Wie hatte Friedrich von Hagedorn ihn doch gleich bewundernd besungen?

Das Ufer ziert ein Gang von Linden,
in dem wir holde Schöne sehn,
die dort, wenn Tag und Hitze schwinden,
entzückend auf und niedergehn.

Auch der Komponist Georg Philipp Telemann hatte mit einer heute kaum noch gespielten »Alster-Suite« das Loblied auf die Alster gesungen – lange bevor Oskar Fetras ihr mit seiner »Mondnacht auf der Alster« ein zeitloses Denkmal gesetzt hat.

Der Franzose hatte die Zeichen erkannt und richtig gedeutet. Vor allem aber hatte er aus seiner Deutung die wirtschaftlich richtige Konsequenz gezogen. Die Alster war (und ist) ein »unique point«. Damit ließ sich Geld verdienen, und solches Denken beeindruckte die Hanseaten.

Den Vicomte de Quatre Barbes hatten die Wirren des französischen Bürgerkriegs nach Hamburg getrieben, und er war bereitwillig hier geblieben. Dem damals sehr aktiven »Verein zur Verschönerung des Jungfernstiegs« kam der Mann gerade recht, um dem vermeintlich frivolen Treiben auf der Flanierstraße eine würdige Stätte des gehobenen Vergnügens entgegenzusetzen.

Was dem Verein damals nicht gefiel, war die Eitelkeit der Hamburgerinnen – eigentlich ja ein Grundrecht schöner Frauen. Aber der Verein hatte sich mokiert: Es fehle nur noch, dass es mit Rücksicht auf das schöne Geschlecht »gar nicht unpassend wäre«, den Jungfernstieg mit Spiegeln zu belegen. Aber natürlich diente auch der Alsterpavillon letztlich dem Bedürfnis, sich der Welt zu zeigen und die Eitelkeit zu pflegen. Nur eben nicht »lustwandelnd«, sondern sitzend.

Die ihm vom ehrwürdigen Rat der Stadt erteilten Auflagen wollte der Vicomte gern erfüllen, nach denen »daselbst mitnichten eine Art von Karten oder Würfeln oder sonstiges Spiel geduldet« werde.

Der unternehmungslustige Franzose konnte den ersten Alsterpavillon am 20. August 1799 eröffnen. Er reichte seinen Ehrengästen zur Eröffnung in Hamburg noch wenig bekanntes »Gefrorenes«, und er kam auch brav seiner Pflicht nach, den Jungfernstieg täglich zu bewässern, »zur Dämpfung des Staubes, wenn die Schleppen der Damen nicht dagegen reklamierten«.

Weil im Alsterpavillon nicht geraucht werden durfte, obwohl die Unsitte auch in Hamburg schon so weit um sich gegriffen hatte, dass das Rauchen von »Zigarros« auf dem Jungfernstieg durch Ratsbeschluss verboten werden musste, war es in dem Kaffeehaus urgemütlich. Wer selbst keine Zeitung abonniert hatte, konnte sich im Alsterpavillon aus einem umfangreichen Angebot von Gazetten über Neuigkeiten informieren. Das machte einen Teil seiner Attraktion aus.

Unter den Herren, die die Terrasse vor allem wegen der vorbeiziehenden jungen Mädchen zu schätzen wusste, war später auch der bereits erwähnte Heinrich Heine. Ein wenig neidisch registrierte der bei seiner reichen Cousine abgeblitzte Dichter die Kaufmannstöchter, »mit deren Liebe man auch so viel schönes Geld bekommt«. An dem mangelte es ihm selbst immer. Und wenn Onkel Salomon nicht großzügig aushalf, saß »Harry« auf dem Trockenen. Das aber hinderte ihn nicht daran, im Alsterpavillon Hof zu halten. Im Kreis seiner Freunde las er seine neusten Gedichte vor, »frisch aus dem Notizbuch, in dem man noch die Verbesserungen mit Bleistift sah«.

Auch andere Künstlerprominenz kam gern in den Alsterpavillon. Am 12. Juni 1830 nahm dort kein Geringerer als der Geigenvirtuose Paganini seinen Lunch, bevor er im nahe gelegenen Stadttheater sein Publikum zu Begeisterungsstürmen hinriss.

Nicht ganz so erfolgreich war das Streichsextett, das zwischen 1847 und 1853 jeden Nachmittag bis zum Beginn der Stadttheater-Vorstellung spielte. Der jüngste Musiker des Ensembles musste in der Pause mit einem Notenblatt herumgehen, um beim Publikum ein paar Schillinge einzusammeln. Er soll sich, wie ein Zeitzeuge beobachtete, seiner Aufgabe »mit verkniffenem Gesicht« entledigt haben, weil das Publikum sich als wenig spendabel erwies und »insbesondere die jungen Gäste vornehm abwinkten«.

Die besondere Attraktion des Streichsextetts war der Kontrabassist. Es hatte sich nämlich herumgesprochen, dass Johann Jakob Brahms einen »Wunderknaben« zur Hause hatte, der das Publikum manchmal mit seiner außerordentlichen Begabung am Klavier erfreute und der auch gelegentlich schon komponierte.

Das Wunderkind hieß Johannes, und sein Vater war mächtig stolz auf ihn. Vor allem auch, weil sich damit manch ein kleines Honorar verdienen ließ. Überliefert ist die Geschichte, wie einmal spätabends an die Tür der Familie Brahms geklopft wurde. Vater Brahms fragte:

»Wokeen is dor un wat will he?«

Der draußen antwortete: »Mak op. Jehann sall kamen und speelen.«

Brahms fragte: »Wat gifft dat denn?«

Die Antwort lautete: »Twee Mark un duhn!«, was meinte, dass Alkohol bis zum Umfallen getrunken werden konnte.

Meistens wurde man sich mit dem alten Brahms handelseinig; denn als Kontrabassist im Stadtorchester verdient er nicht allzu viel. Deshalb stockte er ja seine Kasse im Alsterpavillon etwas auf.

Und noch etwas ist vom Vater des Genies überliefert: Der treuherzige, in Musikerkreisen viel beachtete Ausspruch: »Ich will Sie was sagen, 'n reinen Ton auf'n Kunterbass is 'n reinen Szufall!«

Womit denn der Alsterpavillon wenigstens indirekt bei der Geburt eines geflügelten Wortes Pate gestanden hat.

23

Zugiges Vergnügen am Jungfernstieg: Ein Maskenball im »Hotel zur alten Stadt London«

Acht Hamburger Kaufleute hatten tief in die sonst so fest verschlossenen Taschen gegriffen, um der Stadt d a s gesellschaftliche Ereignis des Jahres 1835 zu bescheren. Es wurde ein Maskenball, von dem man noch monatelang danach sprach, obwohl die meisten, die darüber redeten, gar nicht dabei gewesen waren. Wer konnte es sich schon leisten, im »Hotel zur alten Stadt London« zu verkehren; denn das war damals eines der elegantesten Häuser. Den großen Saal hatten die Veranstalter eigens für dieses Fest hergerichtet und großartig beleuchtet. Vieltausendfach brach sich das Licht in den Kristallen der gewaltigen Kronleuchter, die von den hohen Decken herabhingen.

Das Hotel lag gegenüber dem Alsterufer am Jungfernstieg, und allein das verpflichtete zu etwas Besonderem. Fünfhundert Gäste aus Hamburg und dem benachbarten Altona waren in Kutschen und Equipagen zum größten Maskenball vorgefahren, den die Stadt je erlebt hatte.

Die feine Welt des biedermeierlichen Hamburg hatte sich hübsch herausgeputzt. Ein Modejournal nahm das Ereignis so zur Kenntnis: »Die Mode schreibt den Damen mit Bändern garnierte Röcke oder Doppelröcke und Tunikas vor, die sich à la turque nach vorne öffnen, sowie enge Taillen und Ärmel. Der Herr von Stand und Bildung erscheint im Frack mit hellem Beinkleid und geblümter Seidenweste.«

Bis morgens früh um fünf wurde durchgefeiert. Das war ungewöhnlich und für Hamburg eine Premiere. Noch ein paar Jahre zuvor hatte Jacob Rambach, Stadtphysikus und gewissenhafter Beobachter der Sitten in unserer Stadt, süffisant festgestellt, die Bälle in Hamburg würden zwar schon um sieben Uhr beginnen, aber auch schon gleich nach Mitternacht beendet sein.

Getanzt hatten zunächst nur die niederen Stände in den Sälen vor den Toren der Stadt.

Zur Biedermeierzeit aber hatte der Gesellschaftstanz auch die gehobenen Schichten erobert, und am 30. März 1835 bemächtigte er sich des Etablissements am Jungfernstieg.

Allerdings beobachteten Chronisten, dass unsere hanseatischen Urgroßeltern wenig Begabung für anmutige Bewegungen entfalteten. Als »Thorheit des Tages« stuften die Zaungäste im Hotel »Zur alten Stadt London« ein, was die geladenen Honoratioren als Tanzkunst ablieferten: »Polsch« und »Schottisch« waren die Modetänze der Saison, und sie reihten sich ein in die von Rambach diagnostizierten »Hopser und Galloppaden«, »die man hier gewöhnlich gleich nach Tische tanzt, als wollte man die Verdauung dadurch fördern. Alle diese Tänze erfordern ... einen hohen Grad von Leichtigkeit, und da diese eben keine

National-Tugend der Deutschen ist, so erhitzen sie fast jeden außerordentlich.«

Das aber war auf dem Ball am Jungfernstieg in gewisser Weise ein Problem. Hamburg gab sich bekanntlich immer gern »very british«, und so zog es denn auch in den vornehmen Hotels an allen Ecken und Enden. Die Chronisten sprachen deshalb von der leicht möglichen Gefahr einer Erkältung: »Zwar werden sehr weislich keine kalten Getränke gereicht, sondern lauter warme als Punsch, Thee, Twist (eine Mischung aus rothem Wein, Thee und Zucker), Kraftbrühe und nur während der Mahlzeit Wein, der im Grunde das beste Erfrischungsmittel nach einem sehr heftigem Tanze ist. Dagegen sind aber Thüren und Fenster fast überall so undicht, dass sich ein erhitzter Tänzer selbst im Saal, in der Nähe eines Fensters erkälten kann.«

Das war nicht das einzige Handicap, mit dem die Ballgesellschaft am Jungfernstieg fertig werden musste. Der nicht vorhandene Grad von Leichtigkeit, der bei unseren hanseatischen Urgroßeltern konstatiert wurde, hatte sicher seine Gründe, die zumindest bei den Hamburger Damen offenkundig waren.

Wenn unsere Hamburgerinnen von auswärtigen Beobachtern einer Inspektion unterzogen wurden, dann sprang denen zuallererst die Größe der Füße in die Augen, auf denen sich unsere Damen durch die Welt bewegten, und das verständlicherweise nicht sonderlich graziös.

Für einen Franzosen reichlich ungalant notierte Jacob Gallois in seinem Notizbuch: »Was ihren Gang betrifft, so trippeln sie nicht wie die Pariserinnen, sondern sie benehmen sich auf der Straße eher wie Ingenieure, denen der Auftrag zuteil wurde, durch Abschreiten ein Stück Land zu vermessen.«

Und dann legte er noch nach: »Hier gibt es Frauen mit so großen Füßen, dass, sollte sie plötzlich der Schlag treffen, sie aufrecht stehen bleiben würden.«

Zumindest in einem Zusammenhang wusste unser hanseatischer Urgroßvater die großen Füße überaus zu schätzen: Wenn er – verdorben durch die schlechten Sitten der Franzosenzeit – aus dem Fußkleid seiner Angebeteten Champagner schlürfte, dann entschädigte ihn die Schuhgröße auf prickelnde Weise für alles, was er an der Seite einer Hamburgerin sonst so auf sich zu nehmen hatte.

24

Ein Campanile für die Kleine Alster: »… an Venedig mahnend und an die Lagune«

Mit Sicherheit war es nicht nur ein verbaler Ausrutscher, als ein Literat Hamburg das »Venedig des Nordens« nannte. Auch der große Architekt Faulwasser stimmte solche Lobreden an, und er befand sich damit in der guten Gesellschaft über jeden Zweifel erhabener Zeitgenossen wie Fritz Schumacher und Alfred Lichtwark. Für sie war der Rathausmarkt eine »nordische Kopie der Piazza San Marco« in Venedig. Zumindest waren sie ihrer Sache sicher, dass er das Zeug dazu hätte.

Manch einem Hamburger gefiel der Vergleich, andere konnten ihm nichts abgewinnen. Und dann gab es schließlich Leute, denen Chateauneufs zwar schöne, aber verglichen mit den Bauwerken der Lagunenstadt an der Adria doch recht bescheiden ausgefallene Arkaden an der Kleinen Alster zu dürftig waren, um einen derart gewagten Vergleich zu riskieren.

Richtig ist allerdings, dass es immer wieder Visionen gegeben hat, die ein bisschen mehr Venedig in die fleetdurchzogene Hansestadt zaubern wollten. Der Barockdichter Georg Greflinger kam in der zweiten Hälfte des 17. Jahrhunderts auf den schmeichelhaften, wenngleich etwas holperigen Reim:

Zeigt der Venetier Stadt sich mitten in den Wellen,
Hamburg wird fast also sich dir vor Augen stellen.

Der Oberaltensekretär Ferdinand Beneke stieß vor
rund zweihundert Jahren in dasselbe Horn und
pries – in lokalpatriotischer Überschätzung – die »ve-
nezianische Pracht der Wasserstadt«. Sogar Hamburgs letzter Domherr sah sich bei der Betrachtung
des Fleets unter der Zollenbrücke an den Canale
Grande erinnert. Nur dass jener noch schlimmere
Ausdünstungen habe als unsere Stadtkanäle.

Der Biedermeier-Schreiber Eduard Beurmann,
sonst eher durch spitzzüngige Bösartigkeiten auch gegen die Hansestadt an der Elbe bekannt, verstieg sich
in das geradezu kitschige, aber ziemlich ernst gemeinte
Bild einer Vermählung der Elbe mit dem Meer. Den
Elbestrom erhob er zum Brautkranz und schwärmte:
»In bunter Pracht glänzt und flimmert er hinter dem
Mastenwald des Hafens hervor, in Villen und Gärten
eingefasst, an Venedig mahnend und die Lagunen.«

Bei so vielen Hamburg angedichteten Ähnlichkei-
ten war es nur ein kleiner Schritt zu dem Ehrgeiz,
dem Venedig-Bild unserer guten alten Hansestadt
ein bisschen nachzuhelfen. Einer der fantasiereichs-
ten war Alexis de Chateauneuf. Er sah in dem freien
Raum neben der Kleinen Alster nicht einen schlichten
norddeutschen Marktplatz, sondern er sprach grund-
sätzlich nur noch von einem »Forum« und einer »Pi-
azetta«.

Richtig in die Vollen ging dann unser Landsmann
Gottfried Semper, der schon in einem früheren Ent-

wurf die Vision eines venezianischen Platzes gehabt hatte und der gleich nach dem Großen Brand von 1842 nach Hamburg eilte, um seine Idee zu verwirklichen. Die Skizze, die er entwarf, ist erhalten geblieben und wird im Staatsarchiv aufbewahrt, als Beweis dafür, was uns erspart blieb.

Semper entwarf munter nach dem Rezept: Man nehme einen kräftigen Brei aus Venedig, vermische den mit einer Prise Florenz und gebe zur Abrundung ein Quentchen nordische Baukunst dazu. Wäre es nach ihm gegangen – und er hatte ja zweifellos Einfluss auf den Baustil seiner Zeit – stünden auf unserem Rathausmarkt heute stattliche Säulen mit überladenen Kapitellen und graziösen Stadtgöttinnen obendrauf. Ein Campanile stäche spitz in den leicht angegrauten Hamburger Himmel, ein der Seufzerbrücke streng nachempfundener Prunkbau erstreckte sich über ein Fleet, und das Rathaus sähe aus, als müsste in der nächsten Sekunde ein Doge durch das Portal schreiten.

Das aber war der Technischen Kommission, die abschließend über das Projekt zu urteilen hatte, denn doch zu viel. In ihrem Bericht schrieb sie: »Was endlich die ... Skizzen wegen der architektonischen Anordnung der Gebäude in diesem Winkel des Alster-Bassins anbetrifft, so konnte sich die Ansicht der Kommission der Natur der Sache nach nur im allgemeinen dahin aussprechen, dass einer derartigen Anpassung des Markusplatzes in Venedig an die ganz heterogenen Verhältnisse und Bedürfnisse Hamburgs gelinde ausgedrückt sehr bedenklich schiene.«

So kamen wir 1897 zu unserem neuen Renaissance-Rathaus. Zwar auch auf alt getrimmt, aber doch wohl unserem norddeutschen Gemüt um einiges näher!

25

Geschäftstüchtiges Personal der Eppendorfer Hochzeitskirche: Ein Küster mit Lizenz zum Bierausschank

Ein paar Hundert Schaulustige waren an diesem ersten Novembertag des Jahres 1845 zur Eppendorfer Kirche gepilgert, um die Kulisse für eine Hochzeit abzugeben. Das war jedes Mal so, wenn eine »Copulation« in der einen Steinwurf vom Alsterufer gelegenen Kirche angekündigt war; denn St. Johannis hatte sich im Laufe der Zeit den Ruf der beliebtesten Hochzeitskirche im Hamburger Landgebiet erworben.

Dieses Mal aber hatten die Zaungäste einen guten Grund, der zu jeder Zeit und überall eine besondere Anziehungskraft auf Neugierige ausübt: Vor den Traualtar traten der angesehene hanseatische Kaufmann Jacob Hinrich Böhmer, dessen Name in einer ruhigen Pöseldorfer Straße weiterlebt, und eine gewisse Jane Bloomore, um deren Herkunft es im Zusammenhang mit einer Erbangelegenheit in Hamburger Kaufmannskreisen manch ein Gerücht gab. Allein dieser Umstand war für viele Schaulustige ein guter Grund, den langen Weg nach Eppendorf auf sich zu nehmen. Ein anderer Grund war der Mythos der Kirche, der sich bis weit in das vergangene Jahrhundert hinein gehalten hat: St. Johannis, so glaubten die Eppendorfer zu wissen, ohne dass es dafür Belege gäbe, sei um das Jahr 840 von Ebbo, dem Erzbischof von Reims, gegründet worden. Das aber ist eine fromme und wohl deshalb so langlebige Legende. Nach der Aktenlage ist St. Johannis 1267 in das Licht der Geschichte getreten. Der für Eppendorf so markante Turm der ursprünglich romanischen Feldsteinkirche erhielt 1751 seine wuchtige Form, die ihm etwas Solides gibt. Ein gutes Symbol für ein Gotteshaus, in dem ein Bund fürs Leben geschlossen wird!

Die St.-Johannis-Kirche liegt oberhalb des alten Alsterübergangs zwischen Eppendorf und Winterhude. Ihre Monopolstellung als beliebte Hochzeitskirche hatte St. Johannis noch weiter ausbauen können, nachdem der wackelige »Hohe Steg« zugunsten einer stattlichen Fahrbrücke abgerissen worden war. Endlich war die Zeit vorbei, in der man die alte Alsterfurt nur über eine unbequeme Treppe auf der Eppendorfer Seite queren konnte.

Die Winterhuder hatten diese Beschwerlichkeit jahrzehntelang aus praktischen Erwägungen gern auf sich genommen, weil es auf ihrer Seite bis in die vierziger Jahre des 19. Jahrhunderts hinein keinen Bäcker gab und sie sich ihre Rundstücke deshalb auf der Eppendorfer Seite besorgen mussten.

Der Hohe Steg hatte für die Passanten auch einen hohen Unterhaltungs- und Vergnügungswert; denn der Küster von St. Johannis war wie viele Leute seiner Profession ein geschäftstüchtiger Mann. Er hatte sich das Recht eines »mäßigen Bierausschanks« gesichert. Was »mäßig« war, unterlag seiner eigenen Einschätzung. So ließ er denn dort unten weitaus mehr Gerstensaft fließen, als man auch bei großzügiger Auslegung des Attributs »mäßig« durchgehen lassen konnte. Aber die

Alsterschiffer nahmen die Dienstleistung gern in Anspruch und banden ihre Kähne unterhalb der Brücke an. Dort lagen sie manchmal länger fest als geplant und als es ihrem Gewerbe guttat. Es soll Tage gegeben haben, an denen die fröhliche Ausgelassenheit des Schiffervolks nicht nur den Schiffsbetrieb zum Erliegen brachte, sondern auch den Gottesdienst in der Kirche störte.

Nachdem 1840 die Fahrbrücke eingerichtet worden war, ging es hier ohnehin etwas weniger beschaulich zu. Der Straßenverkehr hatte zugenommen, und jetzt konnten auch die blumengeschmückten weißen Hochzeitskutschen mit ihrer hoffnungsfrohen Fracht über die neue Brücke rumpeln.

Bis auf den heutigen Tag hat St. Johannis in Eppendorf ihren Nimbus als Hochzeitskirche nicht eingebüßt. Bier allerdings ist beim Küster nicht mehr zu haben!

Und Bier war ja genau genommen auch nie ein Markenzeichen der Eppendorfer. Warum auch? Man konnte sich ja viel bequemer im nahe gelegenen Hamburg bedienen, das sich den Ehrentitel »Brauhaus der Hanse« redlich verdient hatte.

Der Ortsname Eppendorf stand eher für Wasser. Aber was für ein Wasser! Die Geschichte verdient erzählt zu werden.

26

Zur »Brunnencur« nach Eppendorf: Eines Weinhändlers Kampfansage an Karlsbad & Co.

Ein Verleger aus Weimar hatte zur Biedermeierzeit eine übersichtliche »Bäderkarte« drucken lassen, die zwischen Alster und Elbe einige Verwirrung auslöste. Zumindest die Hamburger rieben sich die Augen. »Bad Hamburg« war da aufgelistet. Wie das, fragten sie sich; denn sie wussten ja, dass ihre so erfolgreiche Handels- und Hafenstadt nicht gerade in dem Ruf stand, das zu verkörpern, was man sich unter einem »Bad« vorstellte. Wenn die Hamburger in ein Mineralbad steigen wollten, reisten sie – sofern sie es sich leisten konnten – seit dem 17. Jahrhundert nach Karlsbad, Ems oder Bad Pyrmont. Aber allein schon die Reise dorthin war recht kostspielig. In den Zeitungen fand man hin und wieder Annoncen, in denen Reisegefährten gesucht wurden, mit denen man sich das viele Geld für die Kutsche teilen konnte.

Den mit spitzem Stift rechnenden Kaufleuten missfiel der Kurbetrieb so weit weg, wo ja nur andere daran verdienten. Und das war das Schlimmste, was sich ein Hamburger Kaufmann vorstellen konnte. Aber es gab auch sittliche Bedenken gegen solche Kuren. Besonders der Rektor des Gymnasiums empörte sich: »Es ist ja wohl nicht zu leugnen, dass die sogenannten Brunnencuren nicht selten bei vielen

Brunnengästen bloße Modekuren sind, weil sie dem Müßiggange und dem Zeitvertreibe, oder gar wohl der Üppigkeit und sinnlichen Ausschweifungen gleichsam aufgeopfert werden.«

Zwar gab es am Ausschläger Weg einen Gesundbrunnen, der angeblich Lahme, Blinde, Taube und Schwindsüchtige heilte. Das hanseatische Lourdes hatte auch noch eine Konkurrenz in Bergedorf, die für Kurzsichtige, Fieberkranke und »Engbrüstige« zuständig war. Aber irgendwie lief die Sache nicht und war eher ein Geheimtipp unter Sonderlingen.

Da hatte der Weinhändler Georg Andreas Knauer die Geschäftsidee seines Lebens. Auf der Rückreise von Karlsbad hatte er in Dresden künstliche Mineralwässer kennengelernt, die dort ein Erfinder namens Struve produzierte.

Knauer war begeistert. Damit hatte er für Wasser doch noch eine edlere Verwendung entdeckt als die unter Weinhändlern üblicherweise praktizierte. In seinem Garten an der Eppendorfer Landstraße ließ er 1825 eine »Anlage zur Bereitung künstlicher Mineralwässer« aufstellen. Die Sache sprach sich schnell herum, und die Hamburger pilgerten in Scharen nach dem noch nicht zu Hamburg gehörenden Eppendorf, um der Wohltaten des »Kunstbrunnens« teilhaftig zu werden. Knauer hatte sein sprudelndes Unternehmen nach seinem Vornamen »Andreasbrunnen« benannt.

Der Name zog. Sogar aus dem fernen Skandinavien reisten die Leute nach Eppendorf. Die Folge des Booms war, dass der Weinhändler seinen Garten schon bald in ein blühendes Paradies umwandeln konnte. Knauer, den die Welt als Weinhändler kaum zu Kenntnis genommen hatte, feierte als Wunderheiler Triumphe. Schon 1828, drei Jahre nach der Geschäftsgründung, konnte er ein repräsentatives »Conversationshaus« bauen lassen, das alle Kurhäuser weit und breit in den Schatten stellte. Das Anwesen an der Eppendorfer Landstraße entwickelte sich zum Mittelpunkt glanzvoller gesellschaftlicher Ereignisse mit täglichen Kurkonzerten. Man konnte trinken und baden, und das in elf unterschiedlichen Wässern, darunter auch Exoten wie »Schlesischer Oderbrunnen« und »Püllnaer Bitter«.

Ob die Kuren geholfen haben, wissen wir nicht. Dem Knauer ist jedenfalls nach einem Leben mit Wein das Wasser offenbar gar nicht so recht bekommen. Drei Jahre, nachdem der findige Unternehmer sein erfolgreiches Geschäft auf den Weg gebracht hatte, trank er ein letztes Glas und verabschiedete sich von dieser Welt und seinem schönen Eppendorfer Paradiesgarten zugunsten eines anderen Paradieses.

27

Vom Kohlacker in die Geistliche Schatzkammer: Der »Schwarze Peter« von Eppendorf

Überhaupt erzählten sich die Leute in Eppendorf so manches, das den Nachbarn immer noch einen gelinden Schrecken einjagte, obwohl das der Geschichte zugrunde liegende Ereignis schon weit zurück lag. Genau genommen lag es in grauer Vorzeit, als man noch Hexen verfolgte und sich Furchterregendes leicht unter das Volk bringen ließ. Damals soll es in Eppendorf eine Gärtnerin gegeben haben, deren Kohl nicht gedeihen wollte. Das war ärgerlich, weil sich Hamburg in jener Zeit überwiegend von Kohl ernährte und sich mit dem Gemüse auf dem Markt gutes Geld machen ließ. Nun war aber die Dame leider zu faul, um sich gängiger Methoden der landwirtschaftlichen Ertragssteigerung zu bedienen. Die Hamburger hatten dafür die griffige Lebensweisheit parat: »Man düchtig Meß ünner, sä de Bur, denn helpt dat Beden ook!« Eine solche Erkenntnis kollidierte allerdings mit der Lebensphilosophie besagter Gärtnerin, dass man es sich im Leben so bequem wie möglich machen solle, was ja auch eigentlich ganz vernünftig ist.

Die Methode allerdings, der sie sich bediente, wurde zum Ärgernis: Sie versuchte es mit Zauberei. Die

Chronik besagt, sie habe auf ihrem Acker eine von der Kirche empfangene, geweihte Hostie vergraben, die dem Kohl zu besserem Wachstum verhelfen sollte. Die Sache hätte vielleicht ganz gut funktioniert und unerkannt bleiben können. Aber so eine Hostie kann tückisch sein. Diese jedenfalls war es. Denn bald nachdem sie eingegraben war, so wird von ehrbaren Leuten – und nur solche gibt es in Eppendorf – ziemlich glaubhaft versichert, habe sich an der Stelle, an der sie in die Erde versenkt worden war, Merkwürdiges zugetragen: Nächtens tanzte dort ein Licht; laute Musik sei ertönt und habe die armen Eppendorfer aus dem Schlaf gerissen.

Das war denn doch mal was in dem sonst so verschlafenen Dorf an der Alster! Die Hamburger, stets bei der Sache, wenn in ihrer Nachbarschaft was los war, veranstalteten Prozessionen nach dem Acker, wo das Licht tanzen sollte, das sie allerdings selbst nie gesehen hatten. Eifrig gruben sie auf dem Acker alles aus, was ihre Neugier befriedigen konnte, und tatsächlich wurden sie im Jahr des Herrn 1482 fündig und förderten eine 35 Zentimeter lange Alraune zutage. Das war eine jener verkrüppelten Schwarzwurzeln, die irgendetwas ähnlich sehen und der Fantasie damit reichlich Spielraum boten. Die »Eppendorfer Alraune«, so befanden die in der Prozession Mitgelaufenen übereinstimmend, ähnele einem Männchen in der Stellung des gekreuzigten Christus. Sogar den leidenden Gesichtsausdruck des Wurzelmännchens wollten viele erkannt haben. Weil der Mensch ja bekanntermaßen immer das sieht, was er sehen will.

Sofort schlug der untrügliche Geschäftssinn der zu dieser Zeit ja noch katholischen Hamburger wieder zu. Schnell ließen sie die Figur »mit großer Reverentz« in eine silberne Monstranz fassen; denn sie wussten, dass so eine Alraune ungeahnte Zauberkräfte entfaltete und mithin Gold wert war. Natürlich funktionierte das nur im richtigen Augenblick! Man musste sie gut pflegen und bei Neumond in lauwarmem Wein baden. Wenn man nur alles richtig anstellte, dann beglückte sie ihren Eigentümer mit ewiger Seligkeit, Reichtum, Ehesegen und Schutz vor Feinden. Was wollte man mehr?

Ach ja, eines noch: Das Ganze musste heimlich geschehen, und man musste die Zauberwurzel vor den neidischen Blicken anderer Menschen verbergen. Das gebot schon der Selbsterhaltungstrieb; denn sich der Zauberkraft der Alraune bedienen zu wollen, war strengstens verboten. Die arme Gärtnerin, die die heilige Reliquie zur Düngung ihrer Kohlplantage verpflichten wollte, wurde völlig zu Recht mit dem Tode bestraft.

Und noch etwas: Man musste den Zauber mit der Alraune nicht nur heimlich praktizieren, man musste die Wurzel auch im richtigen Augenblick wieder abstoßen. Wenn man sie nämlich bei seinem Tode noch in seinem Besitz hatte, war damit die Chance auf die ewige Seligkeit ein für alle Mal verspielt. Die Eppendorfer Alraune war wohl so etwas wie ein »Schwarzer Peter« des Schicksals: Ihn rechtzeitig dem Nebenmann in die Hand zu drücken, war in diesem Spiel die einzige Gewinnstrategie!

Zweifel am Wahrheitsgehalt dieser erschrecklichen Geschichte sind energisch zurückzuweisen. Immerhin hat es die Alraune nachweislich geben. Dafür verbürgt sich der Kirchenhistoriker Nikolaus Staphorst, der das 1731 alles brav aufgeschrieben hat.

Die Alraune soll sogar noch heute zu bestaunen sein. Zunächst hatte Rudolph II., seit 1576 Kaiser des Heiligen Römischen Reichs Deutscher Nation, der kräftig an der Gegenreformation mitstrickte, sich »das Gewechs allergnädigst« für sein Kuriositätenkabinett erbeten. Da der Hamburger Rat, inzwischen auf Luthers Lehre eingeschwenkt, auf das Wohlwollen der Majestät spekulierte, rückte er die Alraune vom Eppendorfer Alsterufer an den Kaiserlichen Gesandten heraus. Der schaffte das Wunder vollbringende Stück Holz zunächst nach Prag, und von dort gelangte es nach Wien. Und wenn es die »Weaner« inzwischen nicht verschlampert haben, dann liegt es dort noch heute in der Geistlichen Schatzkammer.

28
Geplatzte Alster-Albträume:
Dem Charme von
Wuppertal entgangen

Immerhin hätten sich die Hamburger vielleicht sogar an Venedig gewöhnt. Und wie das so ist im Leben: Es hätte alles immer noch ein bisschen schlimmer kommen können.

Wie hätten unsere Hanseaten dumm geguckt, wenn man ihnen ihre Binnenalster leer gepumpt hätte? Allen Ernstes wollte ein emsiger Verkehrsplaner das Alsterbecken nach dem Krieg trockenlegen, um für den zunehmenden Autoverkehr Parkraum zu schaffen. Welch eine schreckliche Vorstellung, dort heute vielleicht anstelle einer Alsterfontäne eine Auto-Waschanlage zu bestaunen!

Dem ADAC hätte es wohl gefallen getreu dem Motto »freier Parkraum für freie Bürger!« So frei aber wollten die Hamburger denn doch nicht sein. Während sich noch die Grundstücksmakler die Hände rieben und sich schon insgeheim ausrechneten, wie viel Bares man mit so viel schönem neugewonnenen Grund und Boden machen könnte, war die Sache schon wieder vom Zeichentisch.

Fast ebenso schnell wie zwanzig Jahre später das Alster-Manhattan und hundert Jahre früher die verwegene Idee mit der Hängebrücke über der Außenalster oder einem Tunnel zwischen der Uhlenhorst und Harvestehude mit Auffahrrampen, Lüfterbauwerken und allem, was dazu gehört, um eine Landschaft zu verschandeln.

Bleibt noch ein Fantasieprodukt, das unserer Alster und ihrer Stadt im letzten Viertel des 20. Jahrhunderts um ein Haar den Charme von Wuppertal zugemutet hätte.

Nichts gegen die fleißigen und braven Westfalen, die dort ihrer ehrenwerten Beschäftigung nachgehen und die ihrer weltbekannten Schwebebahn sicher etwas abgewinnen können.

Nicht so die Hamburger, obwohl darüber intensiv nachgedacht wurde. 1876 ließen die Stadtväter erstmals Pläne für ein straßenunabhängiges Verkehrsmittel ausarbeiten. Da traf es sich gut, dass ein Erfinder namens Egon Langen Pläne für eine Schwebebahn in Hamburg einreichte. Die Streckenführung sah eine Ringlinie um die Alster vor, von der Zweigbahnen in verschiedene Stadtteile führen sollten, sogar über die Elbe hinweg.

1894 redete man sich darüber die Köpfe heiß.

Der Senat zögerte und hoffte auf Besseres. Um Zeit zu gewinnen, zögerte er die Entscheidung hinaus. Und gründete eine Kommission – wie immer, wenn sich Politiker nicht einig werden können. Da tauchte plötzlich eine »Continentale Gesellschaft für elektrische Unternehmungen« auf und präsentierte ein neues Schwebebahn-Konzept. Die Vorteile einer hängenden Fahrweise, so klopften sich die Herren selbst auf die Schulter, lägen in der zweieinhalbmal schnelleren Kurvenfahrt und dazu in der Möglichkeit, die Bahn im knappen Radius durch die Häuserzeilen zu führen. Wo eine konventionelle Bahn einen Kurvenradius von zweihundert

Metern benötige, komme die fortschrittliche Schwebebahn mit nur vierzig Metern aus. Außerdem seien die Fahrgeräusche und das lästige Rütteln geringer.

Die Schwebebahn-Enthusiasten rechneten sich angesichts der komplizierten, von vielen Fleeten durchzogenen Hamburger Stadtlandschaft gute Chancen aus. Die Bahnlinie sollte auf gewaltigen Stützen durch das Herrengrabenfleet und andere Fleete geführt werden. Das hätte zwar nicht gut ausgesehen – was die Planer natürlich nicht sagten –, aber es hätte auch der Schifffahrt gedient, was sie deutlich sagten, weil das in Hamburg immer gut ankommt. An den im Wasser stehenden Stahlpfeilern hätten die Ewerführer ihre Schuten und andere Alsterfahrzeuge festmachen können.

Die realistischen Zeichnungen wurden gleich mitgeliefert, um den Laien die Sache schmackhaft zu machen. Vor allem die Schwebebahnhöfe, im feinsten Jugendstil angedacht, erwärmten das Herz der Hamburger.

Das aber wäre wohl auch das Einzige gewesen, das die Hamburger nachhaltig mit Freude erfüllt hätte. Mit den gigantischen Gerüsten und den darunter eingeklinkten Zügen hätte die Stadt heute allenfalls ein kurioses Industriedenkmal mehr. Wie Wuppertal-Elberfeld hätte es doch nicht aussehen sollen. Das ahnte sogar die sonst manchmal so ahnungs- und bedenkenlose Bürgerschaft. Am 2. Mai 1906 gab sie endgültig grünes Licht für den Bau der Hoch- und Untergrundbahn.

Die Alsterfleete hatten sich ihrer Vergewaltigung entzogen.

29

Von der Lust, Alsterschwäne zu verspeisen: Der Rat verstößt gegen sein eigenes Mandat

Das besondere Vergnügen der Hamburger, ihre Alsterschwäne nicht nur zu betrachten und sich an ihrer majestätischen Anmut zu berauschen, sondern sie gelegentlich auch in den Kochtopf zu schicken, markiert ein dunkles Kapitel der Alstergeschichte.

Am 12. Juni 1664 bereitete der Hamburger Rat dem Spuk ein Ende und verordnete in einem Mandat, »dass die auf der Alster befindlichen Schwäne nicht wilde, sondern zahme Vögel seien ... wie anderswo, so auch in Hamburg den Regalien zugerechnet ... daher auch denjenigen, so sich daran vergreifen, als Violatores jedes Orts-Obrigkeit competirenden Regalien und Hoheit scharfer Strafe anheim falle«.

Es war nicht das erste Mandat zu diesem Thema, das der Hamburger Rat sogar von den Kanzeln der Vorstadt St. Georg verkünden ließ. Aber es war eines der deutlichsten. Nicht nur das Schießen und Totschlagen von Schwänen wurde expressis verbis verboten, sondern auch die »Beleidigung« der Schwäne sollte nach dem Mandat von 1664 allen Ernstes bestraft werden.

Das deutet darauf hin, dass die stolzen Tiere mit der prosaischen Gattungsbezeichnung »Cygnus olor«

irgendwie der Stadtobrigkeit zugerechnet wurden: Denn das Delikt, dem hier die Sanktion durch eine wie auch immer geartete Strafe angedroht wurde, war so etwas wie Majestätsbeleidigung.

So waren sie, die alten Hanseaten: Einen Ratsherrn gehörig zu beleidigen, das ging in Ordnung, weil es wohl meistens auch zu Recht geschah. Einen Schwan dagegen in seiner Würde zu verletzen, das galt als schändlich.

Niemand weiß ganz genau, wie es mit unseren Alsterschwänen angefangen hatte. »Die formschönen Wasservögel«, schreibt ein Kenner unserer norddeutschen Fauna, »sind wahrscheinlich wild an den sumpfigen Ufern der Alster von jeher ansässig gewesen, insbesondere in den einst ausgedehnten Uhlenhorster und Winterhuder Mooren. Man darf deshalb annehmen, dass bereits unter den Schauenburger Grafen von Holstein Schwäne auf hamburgischen Gewässern – etwa in der Umgebung der Alsterburg – gehalten worden sind, zumal das Wappenbild ihrer Grafschaft Stormarn, in deren Gebiet Hamburg lag, ein Schwan war. Danach wäre es nicht unzutreffend, die Schwäne als tausendjähriges Geschlecht zu bezeichnen.«

Als sich das landesherrliche Hamburg, so vermuten die Historiker, zu einer unabhängigen Stadt umbildete und die Burgplätze dem städtischen Ausbau weichen mussten, wird die Haltung des gräflichen Schwanenhorstes zusammen mit anderen Hoheitsrechten auf die Stadt übergegangen sein. Und weil Hamburg im Verlauf der weiteren Geschichte mit Fürsten nicht mehr viel im Sinn hatte, jedenfalls nicht,

wenn sie den Bürgern ins politische Geschäft dreinzu-
reden trachteten, mag sich die Ehrerbietung, die einst
gräfliche Schutzherren verlangten, zunächst auf das
Tier im Wappen und schließlich auf das Wappentier
selbst übertragen haben.

Schwäne galten fortan als wertvolles Gastgeschenk,
wenn Ratsmannen auf Reisen gingen oder sonst irgendwie auf sich aufmerksam machen wollten. Im
Staatsarchiv werden etliche Urkunden aufbewahrt, in
denen sich auswärtige Honoratioren für das Schwa-
nen-Geschenk bedanken.

Manchmal versuchte der Rat, seine politischen
Gegenspieler mit dem weißen Federvieh zu bestechen.
So wie die Mitmenschen in ländlichen Gegenden den
Herrn Pfarrer mit einem fetten Gänsebraten dazu be-
wegen wollten, beim lieben Gott ein gutes Wort für
sie einzulegen. Eine Stadtchronik vermerkt: »Durch
gelegentliche Kunde wissen wir, dass 1718 dem Herrn
von Ahlefeld, premier ministre Seiner Majestät des
Königs von Dänemark, vier Schwäne zum Geschenk
gemacht wurden, was ihn aber nicht bewog, auf die
hamburgischen Interessen gebührend Rücksicht zu
nehmen.«

Fehlinvestition!

Davon können auch Politiker unserer Tage ein Lied
singen: Reichlich Spesen und das Ziel trotzdem nicht
erreicht! Aber falsch ausgegeben ist schließlich immer
noch besser als richtig in die eigene Tasche gesteckt.

Bei anderen hatten die Elbhanseaten mehr Glück
als bei dem hartleibigen Dänen: »1769 wurden auf Ver-
fügung Eines Hohen Senats für den Geheimrat von

Schimmelmann, der an dem Zustandekommen des für Hamburg wichtigen Gottorper Vergleichs mitgewirkt hatte, zwei weibliche Schwäne nach Ahrensburg verabfolgt.«

Die Anwesenheit der Schwäne auf der Alster galt noch bis in das 17. Jahrhundert hinein als Beweis für die Unabhängigkeit der Stadt. Im gewissen Sinn waren sie die Garanten dafür, dass unsere Ratsherren fest im Sattel saßen. Ungefähr so, wie die Raben im Londoner Tower den Bestand der britischen Krone sichern. Während aber die Briten ihre Gewährsvögel sich brav vermehren ließen und das schwarze Federvieh jahrhundertelang päppelten, hat sich der Hamburger Rat in alter Zeit – zuletzt 1724 bei den Gastereien am Petri-Tag – nicht gescheut, die edlen Tiere der edelsten Verwendung zuzuführen, die sich hanseatische Mentalität und hanseatisches Kaubedürfnis vorzustellen vermochten: Sie haben ihre Schwäne aufgegessen. Und damit gegen ihr eigenes Mandat von 1664 verstoßen.

30
Herrn Fontenays Monopoly:
Ein Grundstücksimperium
rechts der Alster

Woher der Mann genau kam, verbirgt sich im Dunkel der Geschichte. Irgendwo von der Ostküste Nordamerikas, spekulierte man in Hamburg. Wann er genau kam und wie alt er zu diesem Zeitpunkt war, konnte man nur schätzen. Irgendwann um das Jahr 1800 tauchte er zwischen Alster und Elbe auf. Seinen Namen kennt vermutlich jeder Hamburger! Die Identität des Namensträgers ist aber den meisten Elbhanseaten ein Rätsel. Nur die auf den Namen bezogenen Straßen kennt man, wenngleich sich kaum jemand Gedanken darüber macht, was sich hinter »Fontenay« eigentlich verbirgt.

John Fontenay betätigte sich in seiner Wahlheimat erfolgreich als Schiffsmakler, was ihn zu einem ehrbaren Mann gemacht hatte. Er genoss hohes Ansehen an der Börse, und dort munkelte man sich die nicht von der Hand zu weisende Vermutung zu, dass John Fontenay schon als junger Mann an der nordamerikanischen Ostküste einen prägenden Eindruck von der Möglichkeit gewonnen hatte, dass der Erwerb von Grundstücken eine sichere Kapitalanlage ist – vorausgesetzt, man kauft zu günstigen Bedingungen auf zukunftsträchtigem Terrain.

Wir kennen nicht die genauen Konditionen, mit denen Fontenay bis in die dreißiger Jahre des 19. Jahrhunderts ein respektables Areal von rund 80.000 Quadratmetern in seinen Besitz gebracht hat. Sicher waren einige Notverkäufe von Nachbarn dabei, wie der des Botanikers Dr. Flügge, dessen Grund und Boden auf Versteigerungen erworben werden konnte. Fest steht aber, dass die Grundstücke »vor dem Dammtor« innerhalb einer Generation mit der Ausbreitung der Stadt enorme Wertsteigerungen erfahren haben. Insgesamt waren bei John Fontenays »Monopoly« zehn kombinierte Grundstücke zwischen dem seit 1858 so genannten Mittelweg und der Alster zusammengekommen, die der Investor Fontenay in den Jahren zwischen 1807 bis 1830 gekauft hatte. Die 1624 Quadratmeter am Mittelweg/Ecke der heutigen Straße Klein Fontenay sind die Keimzelle des Grundstücks-Imperiums. Fontenay kaufte das Gartenland, dessen »Baumplantage, Stauden und fremde Gewächse« sogar im Gartenalmanach von 1796 gerühmt wurden, am 7. Februar 1807 – ein Jahr nachdem Hamburg als Schlussstrich unter dem Ende des Heiligen Römischen Reichs Deutscher Nation die schmückende Bezeichnung »Freie Hansestadt« angenommen hatte.

Der Verkäufer des vom Gartenalmanach gewürdigten Grundstücks war der Hamburger Kunstgärtner Joh. Peter Buck. Deshalb ist davon auszugehen, dass sich das Gelände in einem gartenbaulich perfekten Zustand befunden haben wird. Das war für John Fontenay ein guter Grund, hier sein Wohnhaus zu errichten. Er ließ das darauf befindliche Gebäude abreißen, weil es seinen Ansprüchen nicht genügte.

Allerdings war das Gelände »But'n Dammtor« insgesamt noch ziemlich sumpfig und nur an wenigen Stellen gut zugänglich. Der Bauherr war gezwungen, für einen winterfesten Massivbau zunächst einmal einige Hundert lange und dicke Pfähle einrammen zu lassen. Das war in der Hansestadt allerdings nichts Ungewöhnliches. Auch das 1897 eingeweihte Hamburger Rathaus steht – wie viele andere Bauten in der Alsterniederung – auf viertausend Eichenpfählen. Was später den Senatsdirektor und ersten Pressechef Max Brauers, Erich Lüth, zu der liebevoll-ironisch gemeinten Charakterisierung veranlasste, die Hamburger seien allesamt »Pfahlbürger«.

31

Vom Geist geheimnisvoll umschwebt: Der Lieblingsplatz eines »edlen vaterländischen Dichters«

Der rätselhafte Amerikaner, der so konsequent eines der heute bevorzugten Wohngebiete Hamburgs zusammengekauft hatte, war nicht der Erste, der die Schönheiten des alten Klostergeländes von Harvestehude entdeckt hatte. Friedrich Johann Lorenz Meyer hatte schon 1801 in seinen »Skizzen zu einem Gemälde von Hamburg« den westlichen Uferstreifen der Außenalster mit einfühlsamen Worten in das Bewusstsein der Hamburger gerückt. Er lobte »den romantischen Charakter der Ruhe und friedlichen Abgeschiedenheit von der Welt, der fromme Eremiten des 13. Jahrhunderts zur Stiftung des Jungfrauenthals, eines Zisterzienserinnen-Klosters, an die Ufer lockte«. Bedauernd nahm Meyer jedoch den Wandel zur Kenntnis, den das Klostergebiet im Laufe der Jahrhunderte durchlebt hatte. »Der Platz, wo einst das Nonnenkloster zum Jungfernthale von einem Eichenhain umschattet stand und noch vor wenigen Jahren eine von der Alster bespülte Wiese war, ist seitdem in einen englischen Garten verwandelt.«

Lorenz Meyer beschwor die Zeit, in der »Hagedorns Linde« als Kuriosität bestaunt wurde; denn hier hatte »unser edler vaterländischer Dichter« seinen Lieblingsplatz, an dem er seine Freunde Klopstock und den Arzt Carpser in philosophische Gespräche verwickelte oder »noch öfter einsam, Lieder der Freude und der Liebe dichtend« saß und sich durch den Blick auf die Alster inspirieren ließ.

Das war aber zu Meyers Zeiten schon seit einem Dreivierteljahrhundert Vergangenheit. Die Linde, die an den Dichter erinnerte, war verschwunden, nachdem sie ein »Wetterstrahl« getroffen hatte. Aber der Geist des Dichters, versicherte der Autor, umschwebe die Stelle immer noch.

Der schottische Reisende John Strang sprang auf den Zug der Hagedorn-Begeisterung auf und ergänzte, der Dichter habe mit seinen Freunden unter »seinem« Baum mit Vorliebe über »die Bestrebungen der deutschen Muse« parliert, und man habe sich gegenseitig in gemeinsamen Bemühungen, das Niveau der Literatur zu heben, Mut zugesprochen. Im Übrigen stutzte John Strang das Maß seiner Begeisterung für Hagedorn auf ein ihm erträgliches Maß zurecht: Der arme Hagedorn sei zwar kein großer Dichter gewesen, doch immerhin zumindest ein enthusiastischer Studierender, der inmitten der Pflichten seines aktiven Lebens immer Zeit zum Lesen und Dichten gefunden habe.

Nach hanseatischen Maßstäben war das schon eine ganze Menge.

Der aus dem Thüringischen angereiste August Trinius hat in seinen feuilletonistischen Aufzeichnungen »Hamburger Schlendertage« noch gegen Ende des 19. Jahrhunderts in seine Betrachtungen einfließen lassen, was wohl vielen Hamburger aus der Seele gesprochen war, wenn sie auf den Alstersee blickten, auch wenn sie die verschachtelt-barocke Sprache des Thüringers vielleicht überforderte: Der Alster »prachtvoller Wasserspiegel bot den verlockendsten Mittelpunkt, um den sich nun, zum Theil bereits vorhandene Siedelungen benutzend, rasch die Villen-orte aneinander drängten, einen leuchtenden Kranz stolzer und anmuthiger Sommersitze um die blaue Fläche liegend«.

Dabei war dieses als »Quelle der Freude« und als »Ruhehafen für Leib und Seele« gepriesene Terrain, in das sich die Honoratioren der Stadt aus der dunstigen Enge der Kontore und dem Lärm des Fabrikbetriebes in ihre »wohlhäbig eingerichteten Villen« flüchteten, wenige Jahre zuvor noch so jungfräulich, wie es sich für ein Klostergebiet gehört. Als John Fontenay in der Gegend vor Hamburgs nördlichstem Stadttor sein Monopolyspiel begann, war Harvestehude ein weitgehend unberührtes Gebiet. Nur vereinzelt standen Gartenhäuser entlang den Reitwegen, die aus der Stadt hinausführten. Obstbäume und weidende Kühe bestimmten das Bild. Wenn man die Moorweide passierte, konnte man dort ab und an das Bürgermilitär eher schlecht als recht exerzieren sehen, und der Blick zurück fiel auf eine malerische Windmühle an der Ostseite der damals noch hölzernen Lombardsbrücke.

Aber – auch das festzuhalten gebietet die Chronistenpflicht – die so enthusiastisch gepriesene, Begehrlichkeiten weckende Idylle am Alsterufer hatte bei all ihrem Charme schon einen Teil ihrer paradiesischen Unschuld verloren.

32

Anrüchige Strategie am Alsterufer: Plumpsklos als Waffen im Nachbarschaftsstreit

Ohne Zweifel: Es war ein Paradies, in das es die gutbetuchten Hamburger zur Biedermeierzeit zog. Aber mit den Paradiesen hat es so seine Tücken: Wenn man ein paar Konkurrenten daraus vertrieben und sich selbst gerade darin eingerichtet hat, holt den Menschen meistens eine betrübliche Erkenntnis ein: Der Sündenfall hat schon stattgefunden.

In Harvestehude hatte der Sündenfall sogar einen Namen: Hundebeck, und das war ein Nebenflüsschen der Alster. Dieser heute ausgetrocknete Bach unterstand dem Patronat des Klosters St. Johannis und entwässerte die Felder auf dem nahe gelegenen Grindelberg. Das Wasser sammelte sich im Hundeteich, hier entsprang dann der Bach, der durch das heutige Campusgelände der Universität plätscherte, parallel zur Moorweide unter dem Mittelweg hindurchlief und schließlich in die Außenalster einmündete.

Damit wurde die Gegend zum Problemfall. Denn aus der Alster bezogen die »Paradiesbewohner« ihr ganz und gar nicht paradiesisches Trinkwasser. Der Grund dafür lag in dem völlig unzureichenden Hamburger Entwässerungssystem, das erst nach dem Großen Brand von 1842 durch den englischen Ingenieur William Lindley modernisiert wurde.

Die Ursache für die Verschmutzung des Wassers waren die vielen »Lauben«, oder »Privets«, wie man die Aborte vornehm umschrieb, die direkt in die Alster oder die Fleete entsorgt wurden. Unter den zahlreichen Brücken der Stadt waren sogar öffentliche Gemeinschaftskloaken eingerichtet. Ihre Abwässer flossen zwar in die niedriger gelegene Elbe und nicht alsteraufwärts. Aber auch von der Oberalster her flossen reichlich Schmutz und sogar Industrieabwässer in Richtung Hamburg. Eine Kupfer- und Silberschmelze bei Poppenbüttel wird schon in einem Vertrag von 1732 erwähnt, und ihre Industrieabwässer leitete sie größtenteils in die Alster.

Aber auch aus dem unmittelbaren Umfeld des Harvestehuder Klostergeländes drohte Unheil. Die nördlichen Alsteranlieger litten unter dem Abwasser der Kattundruckerei V. d. Wettern & Steindorff, deren Gebäude direkt an die Hundebeck grenzten. Die beiden Eigentümer hatten 1781 die ehemalige Weißtuchbleiche gekauft und sie mit klösterlicher Genehmigung zu einer Kattundruckerei ausgebaut. Sie waren damit in ein lukratives Gewerbe eingestiegen; denn das Bedrucken von weißem Baumwollgewebe war in Mode gekommen und beflügelte die unternehmerische Fantasie vieler Hamburger. Zu Beginn des 19. Jahrhundert arbeiteten in der Hansestadt 53 Kattundruckereien. Allein fünfzehn davon an der Kleinen Alster, dem südlich an die Binnenalster anschließenden, am Rathausmarkt vorbeiführenden Abfluss zur Elbe.

Die Produktion von bedruckter Baumwolle stellte die Stadt vor ein Problem, dessen Tragweite damals noch nicht erkannt werden konnte. Zum Färben des Baumwolltuchs benötigte man giftige Chemikalien, allen voran Arsen und Bleipulver, aber auch die nicht weniger gefährliche Schwefel- und Salpetersäure. Vor dem Spülen wurden die bedruckten Stoffe zudem in einem heißen Kuhmistbad von den Verdickungsmitteln Gummi und Stärke befreit. Alles zusammen bedeutete das eine Umweltbelastung, die kaum in die als Idylle gepriesene Landschaft passte.

Das Gebäude der Kattundruckerei war eine dreiflügelige Anlage, deren mit roten Ziegeln bedeckte Häuser alles in der Umgebung überragten. Aber eine große Zukunft war der Firma ohnehin nicht beschieden. Als die Franzosen nach der Besetzung Hamburgs alle Gebäude in der Umgebung niederbrannten, ging auch die Kattundruckerei in Flammen auf. Nachdem Hamburg dann von der Fremdherrschaft befreit war, trauten sich die beiden Firmeneigentümer nicht, ihre Druckerei wieder aufzubauen. Inzwischen überschwemmten nämlich englische Baumwollfabrikanten den deutschen Markt mit deutlich billigeren Druckstoffen, die im rationelleren Walzendruckverfahren hergestellt wurden. Es zeichnete sich ab, dass die Hamburger Manufakturen dem Konkurrenzdruck nicht gewachsen sein würden.

Was die »Franzosenzeit« überstanden hatte, fiel jetzt dem Zahn der Zeit zum Opfer und verfiel. 1814 erwarb der Zuckerfabrikant Johann Hinrich Herwig das Gelände, ließ die Ruinen abtragen und baute ein neues Haus, dessen großzügig angelegter Garten sich bis an das Alsterufer erstreckte.

Herwig hatte eine Geschäftsidee, die immer zieht: 1816 meldete er beim Kloster St. Johannis den Wunsch an, durch die Vermietung eines neuen Gebäudes »den Freunden ländlicher Freude einen angemessenen und bequemen Sammelplatz darzubieten«, damit »Hamburger Bürger nicht aus Mangel an vaterländischen Sammelplätzen auf benachbarte dänische Dörfer sich hinwenden«. Im Klartext: Herwig plante ein Ausflugs- und Gartenlokal, und er erbat sich vom Klostervorstand, »die Freiheit und Gerechtigkeit einer offenen Wirtschaft für jederman zu ertheilen«.

Der Zeitpunkt für eine solche unternehmerische Entscheidung war günstig. Die ehemalige Gastwirtschaft »Zur alten Rabe« lag seit der Franzosenzeit in Agonie. Sie dümpelte vor sich hin, wie es die Hamburger ausdrückten, und Herwig rechnete sich aus, dass ein Ausflugslokal so dicht vor den Toren der Stadt Erfolg haben würde, auch wenn nur fünfhundert Meter vom Dammtor entfernt eine weitere Gastwirtschaft lag, die den Namen »Zur neuen Rabe« trug.

Essen und Trinken ist an Alster und Elbe immer ein Erfolgskonzept!

Auch Prominente zog es nach Harvestehude, wenn auch nicht immer dauerhaft. Noch während sich der Zuckerfabrikant Herwig redlich bemühte, die Wirtschaft »Alte Rabe« wieder in Schwung zu bringen, errichtete Senator Prösch ein großes repräsentatives Landhaus im neoklassizistischen Stil. Der als Attraktion bestaunte Prachtbau erregte vor allem durch seine auf Säulen ruhende Vorhalle einiges Aufsehen. Ganz glücklich aber war der Senator mit seinem Landsitz offenbar nicht, denn schon Mitte der 1820er-Jahre gab er ihn wieder auf. Für wenige Jahre diente das Haus danach als Restaurant »Alstergarten«, bis es 1842, gerade einmal 25 Jahre alt, abgerissen wurde.

Das alles störte natürlich die Harmonie der viel zitierten Idylle. Der kleine Bach Hundebeck blieb ein andauerndes Ärgernis: Nachbarn beschuldigten sich gegenseitig, »den Lauf des Stromes« heimlich verändert zu haben und zudem ihre »Privets« so dicht an die Grenze zum Nachbargrundstück gesetzt zu haben, dass man nun leider gezwungen sei, seinerseits seine »Privets« strategisch so auszurichten, dass es dem Nachbarn ordentlich stinken musste.

Ein Ende hatten die anrüchigen Querelen an der Alster erst, als die Stadt den Bach in unterirdische Siele verlegte.

33
Verpasste Chancen und neue Hoffnungen: Hamburgs Prachtboulevard im Zwielicht

Kann eine Straße ihr Gesicht verändern, ohne ihre Identität aufzugeben? Wenn es allein nach der Patriotischen Gesellschaft gegangen wäre, sollte Mitte der neunziger Jahre des letzten Jahrhunderts die Probe aufs Exempel praktiziert werden. 1995 wurde ein Ideenwettbewerb für die Neugestaltung der Promenade und des Schiffsanlegers ausgeschrieben. Dabei ging es auch um die Frage, welche Zukunft der Alsterpavillon haben solle: »Facelifting« oder »Totaloperation« stellten die Herren des Wettbewerbs zur Diskussion.

Was am Ende herauskam und prämiert wurde, hatte einen Hauch von Avantgarde. Ob eine futuristisch anmutende, austernförmige Glas-Stahl-Konstruktion vor einem verkehrsfreien Jungfernstieg oder eine großräumige Pergola mit eingestelltem Pavillon für Gastronomie und Galerien dem hanseatischen Selbstdarstellungsbedürfnis entsprochen hätten, mag der mit hanseatischen Befindlichkeiten Vertraute bezweifeln. Und eine in das Alsterbecken hineingeschobene Insel mit »Botanischen Kapseln«, Café und Freibad wie einst die renommierte »Alsterlust« – das war doch wohl ein bisschen zu weit in die Zukunft fantasiert.

Der Präsident der Hamburgischen Architektenkammer wehrte sich gegen die Vermutung, hier seien Ästheten und Realisten zum letzten Gefecht gegeneinander angetreten.

Nur eines lag allen Beteiligten fernab jeder ideologischen Auseinandersetzung am Herzen: Den zu einer »Visitenkarte mit deutlichen Fettflecken verkommenen Jungfernstieg von seinem Schmuddel-Graffiti- und Würstchenbuden-Image« zu befreien.

Welchem geborenen und gebürtigen, gelernten und angelernten Hamburger würde da nicht die Hanseaten-Seele hüpfen?

Inzwischen haben sich nicht nur die Gemüter beruhigt, sondern vor allem auch die Tatsachen etabliert! Ob das hamburgische Gemüt allerdings bereit ist, sich mit diesen Tatsachen zu arrangieren, ist eine andere Frage.

Die erste Begegnung kritischer Zeitgenossen mit dem rundemeuerten Jungfernstieg war nicht gerade von leidenschaftlicher Zuneigung geprägt. Die kalte Eleganz der hellen Granitplatten – von den Designern der Boulevard-Veredelung als Herzstück des neuen Jungfernstiegs gepriesen – wollte nicht allen Elbhanseaten gefallen. Vor allem die Stufen an der Wasserseite nicht. Insbesondere, so hatten die Träger edler Ledersohlen zu bemängeln, bei Hamburger Schmuddelwetter seien die Stufen gefährlich glitschig. Und auszurutschen ist sowohl im wörtlichen wie im übertragenen Sinn nicht die Lieblingsbeschäftigung der Hamburger.

Zudem, bemängelte ein Rundfunkreporter, reflektiere der gleißende, steinerne Edelbelag die in Hamburg bekanntlich üppiger als in München scheinende Sonne so unerträglich, dass man auf den Granitstufen nur mit einer dunklen Sonnenbrille lustwandeln könne. Was aber, wenn sich alle Spaziergänger mit großen, dunklen Brillen verunstalten würden? Dann hätte unser guter alter Jungfernstieg den Charme eines Mafia-Korsos. Wer kann das wollen? Auch die bauliche Lösung erntete nicht unbedingt Begeisterungsstürme. Am linken Ende der alte Alsterpavillon, der seine bürgerliche Gemütlichkeit gegen pubertäre Coolness eingetauscht hat; Blümchenhütchen, Krokotäschchen, Spitzenblüschen und gedämpfte Konversation gegen zerfranste Flickenjeans, ausgelatschte Versionen von Label-Turnschuhen, die eine lärmende Wartesaalatmosphäre generieren. »Rechts«, schreibt ein unzufriedener Zeitungsmann, »der neue Glaskubus und ein Tickethäuschen für die Bootsfahrten, ein paar Mülltonnen ... Bänke, Seitentreppen, den Längslauf der Stufen unterbrechend, die Promenade am Wasser. Nicht weitläufig erscheint dieses Ensemble, sondern kleinteilig. Fast ein wenig eng. Was eigentlich nicht verwundern kann. Schließlich nehmen der Alsterpavillon mit Terrasse und der Glaskubus mit Restaurant und einer weiteren Terrasse ungefähr die Hälfte des Uferstreifens ein. Und hinter dem Glaskubus schob sich zu allem Überfluss eine höher gelegene Aussichtsfläche in die Alster, die mit einer Doppelreihe von Flaggen bestückt ist und an einen Schiffsbug erinnern soll.«

Nun ist das mit der Erinnerung meistens so eine Sache!

In der ersten Planungseuphorie wurde nach Politikerart für den Jungfernstieg manch ein Versprechen abgegeben, das hinterher kaum einlösbar schien und an das sich auch niemand mehr so recht erinnern wollte.

Eine großartige Kulturbühne sei hier entstanden, jubelte der Vorsitzende der Stiftung lebendige Stadt bei der Eröffnung der neu gestalteten Lustmeile. Aber auf kulturelle Höhepunkte wie Theateraufführungen und Klassikkonzerte warten die kunstsinnigen Hamburger vergeblich. Auf ihre Kosten dagegen kamen, wie zu allen Zeiten, jene Zeitgenossen, deren Präferenzen eher bei dem – formulieren wir es nett – recht einfältigen Unterhaltungs- und Vergnügungsangebot liegen. Sie sind zufrieden, dass die Schausteller regelmäßig über die Edelmeile herfallen dürfen, um sie mit Bratwurst- und Frittendünsten zu umwabern. Im Winter auch noch mit dem penetrantes Sodbrennen verheißenden Geruch von teuer verkauftem Billig-Glühwein.

Wir müssten aufpassen, warnte der Vorstandschef einer Versicherung mit Sitz an der Außenalster, dass der Jungfernstieg nicht seinen Weltstadtcharakter einbüßt. Und eine frühere Chefin des Alsterhauses stellte dem Alstervergnügen sogar das Zeugnis eines »niveaulosen Rummelplatzes« aus.

Die Realisten haben einstweilen die Ästheten aus dem Feld geräumt. Aber das allerletzte Wort ist ja längst noch nicht gesprochen. Die neue U-Bahn-Linie in die HafenCity wird nicht nur das Gesicht des Jungfernstiegs verändern, sondern auch sein Flair.

Die Binnenalster ihrerseits und mit ihr im Bunde einige emsige Bastler werden einiges zur Aufwertung der Stimmung beitragen: Den ältesten Alsterdampfer, in der zweiten Hälfte des 19. Jahrhunderts als umweltschädigende »Nixe« unterwegs, will der Verein Alsterdampfschifffahrt wieder aufpäppeln. Das Schiff mit dem romantischen Namen »Nixe« ist weit herum- und weit heruntergekommen. In den letzten vierzig Jahren lag es als »Dora« im brandenburgischen Premnitz auf dem Trockenen und diente dort auch als Bordell. Sozialistische Lusterfüllung auf Hamburger Schiffsplanken – welch ein eindringliches Symbol liebevollen Zusammenrückens unseres einig Vaterlandes!

Wie auch immer der Jungfernstieg in Zukunft mit zusätzlichem Leben erfüllt wird – zunächst müssen sich die Hamburger mit dem neuen Erscheinungsbild ihres Flanierboulevards aussöhnen. Es wird vielleicht noch einige Zeit dauern, bis sie »ihren« Jungfernstieg als Objekt lokalpatriotischer Zuneigung wieder vorbehaltlos in ihr Herz schließen.

Die Alster lehrt eben nicht nur, gesellig zu sein. Des Dichters Wort bedarf der Modifizierung: Die Alster zwingt auch, geduldig zu sein!

Der Autor

Geboren 1936 in Hamburg. Mittlere Reife, Schrift-setzerlehre, Abitur am Abendgymnasium. Studium der Politik, Soziologie, Wirtschaftstheorie und Wirt-schafts- und Sozialgeschichte in Hamburg und London (Diplom-Politologe). Anschließend Leiter der Presseabteilung des Hamburger Hafens.

1970 Reporter beim Norddeutschen Rundfunk in Hamburg. Von 1970 bis zu seiner Pensionierung Leiter des NDR-Ressorts »Hafen- und hamburgische Geschichte«. Im Rahmen dieser Abteilung verant-wortlich für das »Hamburger Hafenkonzert«, der seit 1929 ausgestrahlten ältesten noch bestehenden Live-Hörfunksendung der Welt.

Seit 1972 rund 140 Buchveröffentlichungen, überwiegend aus den Bereichen Schifffahrt und Regionalgeschichte, unter anderem »Hafen Ham-burg – Skizzenblätter der Nachkriegsgeschichte«, »SEA CLOUD – Legende unter weißen Segeln«, »Hamburg vom Turm«, »St.-Pauli-Geschichten« und die autobiografischen Jungenerinnerungen aus Ham-burgs schwerster Zeit »... manchmal war es sogar ko-misch«.